W0325618

LES CHAUVES-SOURIS ONT-ELLES DES C....... ?

...et 101 autres questions complètement ridicules

Tirées de la page populaire "Corrections & Clarfications" du magazine *Old Git*.

JON BUTLER *et* BRUNO VINCENT

maéditions

Tous nos remerciements à Camilla Elworthy

Copyright

© 2008 Micro Application
20-22, rue des Petits-Hôtels
75010 PARIS

1re Edition française - Novembre 2008

Édition originale DO BATS HAVE BOLLOCKS ? AND 101 MORE UTTERLY STUPID QUESTIONS - Copyright © 2008 by John BUTTER et Bruno VINCENT

Auteurs

Jon BUTLER et Bruno VINCENT

Traducteur

Pascal AUBIN

Toute représentation ou reproduction, intégrale ou partielle, faite sans le consentement de MICRO APPLICATION est illicite (article L122-4 du code de la propriété intellectuelle).
Cette représentation ou reproduction illicite, par quelque procédé que ce soit, constituerait une contrefaçon sanctionnée par les articles L335-2 et suivants du code de la propriété intellectuelle.
Le code de la propriété intellectuelle n'autorise aux termes de l'article L122-5 que les reproductions strictement destinées à l'usage privé et non destinées à l'utilisation collective d'une part, et d'autre part, que les analyses et courtes citations dans un but d'exemple et d'illustration.

Avertissement aux utilisateurs

Les informations contenues dans cet ouvrage sont données à titre indicatif et n'ont aucun caractère exhaustif voire certain. A titre d'exemple non limitatif, cet ouvrage peut vous proposer une ou plusieurs adresses de sites Web qui ne seront plus d'actualité ou dont le contenu aura changé au moment où vous en prendrez connaissance.
Aussi, ces informations ne sauraient engager la responsabilité de l'Editeur. La société MICRO APPLICATION ne pourra être tenue responsable de toute omission, erreur ou lacune qui aurait pu se glisser dans ce produit ainsi que des conséquences, quelles qu'elles soient, qui résulteraient des informations et indications fournies ainsi que de leur utilisation.
Tous les produits cités dans cet ouvrage sont protégés, et les marques déposées par leurs titulaires de droits respectifs. Cet ouvrage n'est ni édité, ni produit par le(s) propriétaire(s) de(s) programme(s) sur le(s)quel(s) il porte et les marques ne sont utilisées qu'à seule fin de désignation des produits en tant que noms de ces derniers.

ISBN : 978 2 300 018312

Couverture réalisée par Room22

MICRO APPLICATION
20-22, rue des Petits-Hôtels
75010 PARIS
Tél. : 01 53 34 20 20
Fax : 01 53 24 20 00
http://www.microapp.com

Support technique
Également disponible sur
www.microapp.com

Retrouvez des informations sur cet ouvrage !

Rendez-vous sur le site Internet de Micro Application **www.microapp.com**. Dans le module de recherche, sur la page d'accueil du site, entrez la référence à 4 chiffres indiquée sur le présent livre.
Vous accédez directement à sa fiche produit.

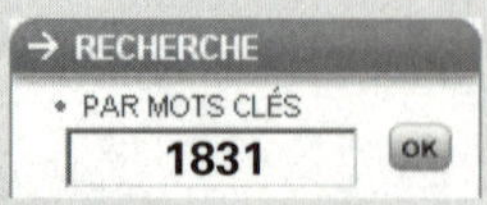

Éloges de *Les fourmis ont-elles un trou du cul ?*

« Infantile » John Walsh, *The Independent*.

« Le succès excentrique de l'année » Joel Ricketts, *The* Guardian.

« Une parodie hilarante des recueils de science populaire » Andy Miller, *The Daily* Telegraph.

« En plus de la *Magna Carta* et de la *Bible de Gutenberg*, [la British Library] comprend [également] l'autobiographie de Wayne Rooney[1] et un ouvrage intitulé *Les fourmis ont-elles un trou du cul et 101 autres questions délicieusement ridicules*. Les députés qui, en 1911, établirent le principe du dépôt légal pour les cinq plus grandes bibliothèques des Iles britanniques ne réalisèrent probablement pas toutes les conséquences de leur décision » Stuart Jeffries, *The* Guardian.

« Nous avons tous nos théories concernant les raisons de la disparition de la politesse, depuis les parents irresponsables jusqu'à la vulgarité des émissions de télévision. J'avoue qu'une chape de morosité me tombe dessus quand j'entre dans une librairie honorable et y vois des titres tels que *C'est mon état d'esprit ou est-ce que tout est de la merde ?* ou *Les fourmis ont-elles un trou du cul ?*. Je ne prétendrai pas qu'il ne m'arrive jamais de prononcer de tels mots, mais j'essaie de décourager mes enfants de les employer. J'aimerais également les encourager à passer du temps dans les librairies, qui devraient être de véritables mines d'or, exemptes pour l'essentiel de merde et de trous du cul » Brian Viner, *The* Independent.

[Il a parfaitement raison, Pénélope. J'ai toujours su que Mr Viner était un authentique libéral ; pour le bien de nos enfants, les librairies devraient être exemptes pour l'essentiel – c'est-à-dire, contenir une petite quantité – de merde et de trous du cul. Le rédacteur en chef]

---

1 Footballeur anglais, joueur du Manchester United (Ndt).

Des mêmes auteurs :

Les fourmis ont-elles un trou du cul ?

Learn to Speak Mafia (non traduit)

Tous mes remerciements à Nicola Barr, Adam Strange, Andrew Hudson ainsi qu'à la suprême équipe de ventes de Sphere.

Introduction du rédacteur en chef

Bienvenue, welcome et wilkommen ! En tant que nouveau rédacteur en chef de *The Old Git*[1]*, magazine vénérable qui entre dans sa cent-soixante-dixième année, j'espère que ce nouveau volume de « Corrections & Clarfications » se montrera à la hauteur vertigineuse de la dernière anthologie.*

Suite à la démission de mon stupide prédécesseur due au problème insignifiant de la disparition d'un étudiant stagiaire, d'un tromblon chargé et d'une facture substantielle pour le nettoyage à sec du tapis de son bureau, il m'échoit de piloter le bon vieux vaisseau *Git* à travers un autre recueil grossier, et incroyablement mal informé, de missives ignares de la part de ces crétins qui achètent tous les mois notre estimé magazine. *[Ah, ah – Pénélope, ne tapez pas ce qui précède pour le livre ; je l'ai juste écrit pour que nous rigolions un peu, vous et moi, en vue de partir du bon pied. J'ai entendu dire que l'épouse de l'ancien rédacteur en chef avait saupoudré de poivre de Cayenne le masque qu'il porte pour dormir lorsqu'elle avait lu ses remarques inconvenantes sur vos seins déclarant qu'il y avait du monde au balcon, mais j'espère que nous entretiendrons une relation un peu plus professionnelle ! Voici la véritable introduction :]*

Bienvenue dans le second recueil de réponses, d'une étincelante pénétration, aux questions brûlantes qui ont paru dans le magazine *Old Git* ces douze derniers mois. Nos lecteurs réguliers auront déjà remarqué quelques changements : la fonte de notre titre a abandonné les caractères calligraphiques rappelant une nécrologie du XIXe siècle pour une fonte plus lisse, d'un bleu électrique, évoquant plutôt l'enseigne à néon d'un club de jazz ou d'une « librairie pirate ». La raison ? Nous avons changé de

1 *Le Vieux Con* (Ndt).

propriétaire. La Phat Media Corp se conforme aux valeurs du genre établi pour refléter une génération de lecteurs d'un certain âge qui ne font que *rajeunir*. Attendez-vous donc à plus de chroniques sur la sexualité tantrique et les partouzes, des critiques musicales plus cools (acid jazz, électro et fusion transe à l'orgue Hammond), à des vacances en snow-board, et à des articles plutôt trash et tendance comme celle des caleçons urbains, mais aussi le happy slapping ou les coupes pubiennes à la dernière mode.

Pour terminer sur une note plus sérieuse : je peux vous promettre qu'avec le changement viennent les responsabilités, et que la débâcle qui a entouré le recueil de l'année dernière ne se répétera pas. J'ai été aussi consterné que nombre d'entre vous de découvrir que nos éditeurs avaient cru bon de publier le volume précédent, *La reine Victoria fut-elle notre plus grand monarque ?*, sous le titre absurde *Les fourmis ont-elles un trou du cul ? – question qui ne gît pas dans le ruisseau les yeux tournés vers les étoiles, mais nage plutôt le front-crawl dans un lac d'excréments, en contemplant d'un œil torve un rat qui mâchonne la truffe d'un blaireau récemment défunt.*

Bien entendu, la querelle légale provoquée par le titre du premier volume est connue du public. Mais, les avocats ayant résolu l'affaire devant les tribunaux (et les dommages et intérêts octroyés furent les bienvenus, lorsqu'ils nous sont parvenus sous la forme de quarante mille exemplaires des *fourmis ont-elles un trou du cul ?* qui ont admirablement absorbé l'effluent de notre sous-sol inondé !), je suis fier de vous présenter ce qui, notre éditeur nous l'assure, sera une magnifique édition sur vélin aux pages de garde marbrées, intitulée *Pourquoi les écureuils sont-ils si extraordinairement mignons ?* Que la fête commence !

Le nouveau rédacteur en chef

Quelqu'un a-t-il jamais résolu la quadrature du cercle ?

Albrecht Sprengler, Zurich

Après l'accueil mitigé rencontré l'année dernière par mes recherches sur la création d'une nouvelle couleur, j'ai la grande fierté et le plaisir d'annoncer, après de nombreux mois, que mes tentatives pour trouver une solution à cette question ont enfin payé !

Mes premiers essais, avec les cerceaux en plastique de ma fille et un bec Bunsen, s'avérèrent infructueux, salissants et dangereux. Cependant, après le départ des pompiers, le garage a constitué un milieu plus gratifiant pour mes efforts scientifiques que sa chambre à coucher, et je suis passé aux élastiques et aux quatre morceaux de plastique pointus qu'on met au milieu des pizzas livrées à domicile. Après tout juste seize semaines de pénibles tâtonnements, et beaucoup de caoutchouc brûlé, je suis en mesure de révéler triomphalement le résultat suivant :

J'espère que les lecteurs et le personnel de l'*Old Git* pourront tirer profit de cette découverte, et qu'elle constituera éventuellement le début d'une magnifique relation symbiotique. Peut-être une rubrique régulière me donnant une chance de résoudre d'autres énigmes scientifiques de notre époque ?

J'attends votre réponse avec un frémissement d'anticipation !

SIMON SAYERS, COUNTY DURHAM

P.S. : Mon premier travail de recherche pourrait porter sur ce qu'est exactement un frémissement d'anticipation – qu'en pensez-vous ?

[Note du rédacteur en chef : Pénélope, ici votre nouveau rédacteur. Une note à l'adresse de Mr Sayers, je pense, le détrompant avec ménagement. Qu'il est gratifiant de voir notre rubrique inspirer tant d'enthousiasme, même s'il est de temps à autre quelque peu incontrôlable. À propos, c'est de loin le bureau le plus étrange que j'aie jamais occupé. Pourriez-vous demander à la femme de ménage – Consuela, c'est ça ? – de gratter cet « effet crépi » sur le mur près de la porte. Je suis sûr qu'il s'agit de berniques. Le niveau d'humidité de toute la pièce est malsain.]

Pourquoi parle-t-on de la « dernière résistance de Custer », et pas de la « chute finale de Custer » ?

Benedict Stormish, Ile Blasket

La victoire des Cheyennes de Sitting Bull à la bataille de Little Big Horn est connue pour telle parce que le général Custer, loin du héros bourru et macho que veut la légende, était en réalité un esthète plein de sensibilité, qui dirigeait ses batailles depuis une tente de soie placée au sommet d'une colline voisine, et dont les troupes étaient représentées sur ses plans de bataille par de charmants bijoux de pacotille acquis dans les boutiques de prêteurs sur gages du Sud, au cours de sa campagne. Bien que d'une haute stature et d'un caractère autoritaire, Custer avait été un enfant chétif qui adorait lire de la poésie française et jouer de la flûte à Cécile, son lapin apprivoisé. Il avait été forcé de s'engager dans l'armée par un père férocement autoritaire, qui l'entraînait pendant des heures dans l'arrière-cour de leur ranch (ignorant le fait que Custer était invariablement accompagné de son caniche impeccablement manucuré, et passant outre l'affirmation récurrente de son fils préférant être décorateur d'intérieur).

Ce fut à Little Big Horn, tandis qu'il prenait la pose assis auprès de son clavecin en châtaignier bruni, poussant ses troupes sur la carte à l'aide d'une fourchette à griller en ivoire, qu'une balle perdue tirée par l'un des fusils apaches traversa la paroi de la tente dans un bruit de tonnerre et brisa son dernier objet qui était en excellent état – une bouilloire électrique en porcelaine de Chine. Jusque-là, il avait hésité quant à la tactique à suivre, mais il succomba à la rage et, ôtant son kimono pour enfiler sa tenue de campagne – un costume de taffetas rose orné de plumes sur les hanches – il conduisit les troupes, le feu aux joues, dans une charge imprudente qui entraîna sa mort, ainsi que la leur. Ce fut la chute finale de Custer. Mais après tout, comme il l'aurait dit lui-même, c'était vraiment sa dernière résistance

JULY HI CHIO, HONG KONG

Comment les compagnies aériennes à bas prix peuvent-elles faire de la publicité pour un vol à 1 penny, alors qu'elles ajoutent des tas de taxes secrètes juste au moment où vous allez payer ?

Trevor Mental, York

J'ai récemment emprunté un vol Londres Dublin, dont la publicité annonçait : « Prenez l'avion pour 1 penny seulement ! » Mais la ruse était dans les détails. Je me souviens d'avoir visité les pyramides dans les années 50, et d'avoir payé à mon épouse une promenade en chameau, pour ensuite devoir payer à nouveau afin de l'en faire descendre, une fois cette dernière juchée sur un dromadaire souriant et confrontée à une chute de trois mètres. Le même principe était appliqué pour l'avion : tandis que le vol pour Dublin ne coûtait peut-être qu'un penny, les petits caractères du billet électronique incluaient des charges supplémentaires exorbitantes pour monter les marches menant à la cabine, s'asseoir, profiter des toilettes au bruit rigolo, et atterrir. Ils ont même installé une fente à pièces dans les accoudoirs de chaque siège, maintenant. Vous passez l'intégralité des quarante-cinq minutes de vol à y introduire des pièces de 10 pence – mais j'imagine que ça m'a distrait du fait que l'aile s'est détachée pendant que l'avion amorçait sa descente pour atterrir.

CONOR O'FALLON, SLAIN

Ce n'est rien, Conor. Je viens d'entendre une rumeur selon laquelle Budgetwings a réagi aux plaintes concernant le surcoût de 2 £ pour l'enregistrement, et celui de 10 £ pour mettre vos bagages en soute, sans compter la taxe de 40 £ s'ajoutant au vol à 1 penny de la publicité… en introduisant une « boîte à jurons » à 1 £ pour chaque fois où quelqu'un déclare « saloperie de voleurs aéroportés à bas prix » à voix haute dans un aéroport. Je crois qu'ils ont trouvé le filon.

MAUREEN O'HANLIHAN

[Note du rédacteur : UNIQUEMENT DESTINÉE AU SERVICE – Pénélope, je suis sûr que ceci vous excitera : apparemment, à compter de la semaine prochaine, nous allons partager nos bureaux avec le Young Git, *le mensuel vedette de Phat Media Corp. Je croyais qu'il s'agissait d'une start-up menacée, mais il semble qu'il soit florissant depuis la fin des années 90 à force d'actrices dénudées de* Hollyoaks[1] , *d'articles sur les enthousiasmants nouveaux aimants pour frigo, les blessures des victimes horriblement défigurées d'accidents de voiture ou de sport, et les combats de chiens contre des ours. Le résultat, c'est que nous avons reçu une note de service de la direction annonçant que les* Gits *jeune et vieux doivent devenir deux aspects différents du même*

1 Soap des années 90, diffusé sur Channel 4 et mettant en scène de jeunes adultes dans une banlieue imaginaire de Chester (Ndt).

magazine. Je n'y aurais jamais pensé – ça explique pourquoi ils sont grassement payés, j'imagine ! Cependant, du fait que le Young Git se vend à 533 666 exemplaires par mois et que nous nous vendons – eh bien, nous vendons… bon, quoi qu'il en soit – nous avons tout intérêt à nous aligner sur eux. Dans cet esprit, je furète un peu partout pour essayer de nettoyer le bureau, et j'ai découvert que je n'accrochais pas ma veste sur un portemanteau, mais sur une foutue stalagmite, énorme, qui s'est formée suite à l'humidité consternante qui goutte dans ce coin de la pièce. Nous devons mettre Consuela sur cette affaire. Oh, et il y a une trace bizarre dans le coin opposé du plafond, qu'un visiteur pourrait prendre pour du sang. Demandez-lui de la nettoyer la prochaine fois – ou enquérez-vous poliment de ce qui se passe dans les bureaux des étages supérieurs !!!]

Est-il possible de voyager dans le temps ?

Stephen Fung, Maidstone

Tout à fait – comme je le disais jeudi prochain à mon grand rival, le Dr Karl Beerbohm. Pauvre Karl ! J'aurai ma revanche pour toutes ces années où vous m'avez ridiculisé, vous et ces fichus Suédois. Alors même que j'écris ceci, je me prépare à remonter le temps, afin de placer un seau d'eau en équilibre sur l'encadrement de la porte qui mène à la salle de remise du prix Nobel, et d'étaler du cirage noir sur l'oculaire du télescope de cérémonie. Ah ah ! Votre entrée suffisante face à la presse mondiale, le 2 décembre 2007, restera dans l'histoire pour toutes ces mauvaises raisons ; et lorsque cette lettre sera imprimée dans l'*Old Git* du mois prochain, ma gloire jaillira pour anéantir à jamais vos accomplissements. À l'année dernière, Karl !

DR JEREMY PETTING, DÉPARTEMENT DE PHYSIQUE, UNIVERSITÉ DE BANGOR, GALLES DU NORD

Comme il est charmant à mon ancien protégé de promener en public sa bêtise de cette façon. Bien sûr, étant donné que plusieurs semaines se sont écoulées depuis la publication de sa lettre, il aura découvert depuis longtemps que l'équipement spécial qu'il a commandé à une mystérieuse boîte postale de Stockholm lui a fourni, non le spectrogigamètre dont il avait besoin, mais les pièces d'une boîte à musique pour enfants et une facture d'un montant injurieux. Et donc, lorsqu'il allumera la machine à remonter le temps, le son qui l'accueillera sera non celui du continuum espace-temps faussé pour satisfaire ses désirs infantiles, mais les accents mélodieux du titre « Les roues du bus tournent et tournent ».

Maintenant que le prix Nobel (parfaitement sec) est en ma possession et l'œuvre de toute ma vie en sécurité, je suis enclin à passer le temps en me livrant à de petites farces similaires aux siennes. Peut-être, pour commencer, une visite dans ma propre machine à remonter le temps, en parfait état de marche, à la nursery de son enfance pour causer une peur bleue au bébé Petting avec mon klaxon. Puis, éventuellement, une promenade dans la salle des cérémonies de l'université de Bangor le jour où lui sera remis son risible doctorat, pour nouer ensemble ses lacets de chaussures. Ah, la vie d'un lauréat du Nobel donne tant de travail…

DR KARL BEERBOHM, STOCKHOLM

Quel est le record enregistré des tentatives de suicide ?

Lars Smut, Göteborg

À peu près n'importe quel disque de Joy Division, mais j'ai entendu dire que les Suédois écoutaient Leonard Cohen.

MR PLUM, PLUMSTEAD

[Note du rédacteur : Pénélope, ce petit Plum me plaît bien. Délicieusement excentrique – je ne vois pas ce que mon prédécesseur avait contre lui.]

Est-il possible de voyager dans le temps ? (Reprise)

Stephen Fung, Maidstone

Oh oh ! Mon cher Karl. J'ai été amusé de voir votre lettre dans le numéro du mois dernier ; le fait même que tout se passe comme d'habitude dans ma vie me dit que votre vilaine farce a échoué. Je concède que j'ai toujours été terrifié par les klaxons, et que le jour où l'on m'a remis mon doctorat en physique, j'ai basculé vers l'avant, donnant accidentellement, ce faisant, un coup de tête au docteur *honoris causa* Jeanette Winterson – mais vous saviez tout cela ; je ne peux pas accepter que vous ayez réellement *causé* l'un ou l'autre de ces événements.

Comment l'auriez-vous pu, compte tenu du fait que j'ai graissé la patte à votre femme de ménage pour qu'elle coince son épingle à chapeau dans votre machine à remonter le temps, au cas où ? Si mes calculs sont exacts – connaissant votre routine quotidienne et votre syndrome du côlon irritable comme je les connais – vous aurez tout juste terminé votre visite quotidienne aux toilettes avant d'allumer la machine pour effectuer votre « voyage historique », mais elle sautera comme un CD poussiéreux, vous renvoyant quelques minutes en arrière, à l'instant où vous entrerez de nouveau aux toilettes. J'imagine que vous y êtes actuellement coincé, en boucle, et me maudissant.

Peut-être aurai-je pitié de vous et me rendrai-je à Stockholm pour éteindre la machine. Mais hélas, je crois que je vais être très occupé ces prochains mois.

DR JEREMY PETTING, BANGOR

De quelle incroyable inventivité vous avez fait preuve en enrayant l'une des machines les plus complexes du monde avec *une épingle à chapeau. Espèce d'abruti. En fait, ayant été coincé dans ma boucle pendant, oh, environ vingt minutes, j'ai localisé l'élément indésirable et l'ai extrait, sur quoi j'ai tranquillement entrepris de me venger. Quand vous lirez ceci, Petting, vous serez en mesure de méditer tristement plusieurs nouveaux souvenirs dont vous serez persuadé de leur existence : la honte cuisante que vous avez éprouvée à l'université quand un mystérieux assaillant a pris, pendant votre sommeil, un Polaroid de votre don risible et ratatiné supposé honorer la gent féminine, et l'a épinglé au panneau d'affichage de la faculté de physique ; votre horreur (et paranoïa concomitante) en découvrant que les premiers conquistadors arrivés sur les rivages de l'Amérique du Sud trouvèrent une note annonçant, en anglais, « Jeremy Petting est un pauvre type », et que la deuxième ville du Venezuela avait été nommée en votre honneur – Bastardo – jusqu'en 1923 ; le fait que la Mini Cooper vert pomme achetée avec vos économies en 1978 disparut, et fut découverte impeccablement perchée sur la dunette du* Queen Elizabeth II. *Il y en a d'autres, probablement perdus parmi les innombrables absurdités que vous avez dû vous imposer au cours de votre existence empotée et maladroite. (Je pense que l'université de Bangor devrait savoir, par exemple, que vous n'avez découvert que les filles ne tombaient pas enceintes « par leur derrière » qu'au cours de votre troisième semaine de mariage.)*

Mais la principale raison de cette lettre est d'annoncer mon retrait de ce petit match, Jeremy. Pour une multitude de raisons – mon compte en banque est horriblement vide, et des collègues ont mentionné à quel point j'ai vieilli ces six derniers mois. S'ils savaient seulement que j'ai vécu six ans pendant cette période ! Retourner à l'université de Durham pour voler cette voiture et graisser la patte à un conducteur de grue pour la placer en équilibre sur le Queen Elizabeth II, alors amarré à Plymouth ; recréer à moi tout seul l'expédition du Kon-Tiki au

XVe siècle juste pour vous laisser une insulte historique – et ensuite devoir *retraverser* l'Atlantique en pagayant avant que les Espagnols n'arrivent là-bas (et m'envelopper d'algues pour me dissimuler à leur passage). Et bien sûr – s'agissant d'une machine à remonter le temps et non d'un dispositif de téléportation – tous ces voyages avaient pour point de départ la petite colline accidentée où mon cottage serait plus tard construit dans les années 90. C'est épuisant, et la récompense n'en vaut pas la peine. Par conséquent, plus jamais je ne m'aventurerai dans les mâchoires de fer de Karl Junior (comme je l'avais appelé, à la place des enfants que j'aurais pu avoir) pour rechercher l'excellence scientifique dans l'intention de jouer les farceurs. Je vais plutôt rester assis, boire du thé, inviter des amis pour « fika [1] », et peut-être rendre une visite occasionnelle au pub local, le Shakespeare's, où nous avons une sacrée partie d'échecs en cours.

DR KARL BEERBOHM, STOCKHOLM

Puisque Pinocchio était supposé être un "vrai" petit garçon en bois, est-ce que Geppetto lui a taillé une bite en bois ?

Ralph Coddles, Wolverhampton

1 Verbe suédois signifiant « pause-café » (NdT).

Eh bien oui, bien sûr, il a dû le faire ; sans quoi les autres "vrais" petits garçons se seraient moqués de lui dans les douches à l'entraînement de foot après la fin du livre. Les fameuses éditions parisiennes de l'Obélisque (éditrices de livres interdits tels que *Tropique du Cancer* d'Henry Miller) produisirent, en fait, une suite extrêmement controversée de l'histoire de Pinocchio, *Cœur de Chair, Verge en Bois,* une série à la *Tom Jones* d'aventures picaresques centrées sur un Pinocchio adolescent dans les ruelles mal famées du port italien de Gênes. L'ouvrage demeure illégal au Royaume-Uni, mais une transcription complète peut être téléchargée sur le site `www.poupéedechair.org/féebleue.net`.

OMAR KARIM, LE CAIRE

Question puérile, qui évoque néanmoins une vérité fondamentale valant la peine d'être examinée. Comme nombre des contes de fées les plus populaires, l'histoire originale de Pinocchio était, pour parler franchement, un ramassis d'obscénités, lourdement censuré par les traducteurs victoriens avant d'atteindre les oreilles des marmots anglais. Je ne m'abaisserai pas à expliquer gratuitement quoi que ce soit – on peut imaginer la scène originale du « gourdin de Pinocchio qui s'allonge » lorsqu'il « dé-niaise » (étonnant comme un ablatif isolé peut changer le sens d'une phrase) la Fée bleue, et la punition consistant à lui donner une « tête » d'âne [comme dans l'expression « tête de nœud »] après le voyage au pays des jouets (*Il Paese dei Balocchi*) avec les autres garçons... Une fois que vous savez cela, aucun conte de fées n'est sûr. Les mots à double sens fleurissent comme des roses noires avec l'introduction de quelques guillemets :

Le « petit » Jack Horner, assis sous le préau,

« Mangeait » une belle « tourte aux pruneaux ».

Dégoûtant.

MALCOM BEVERLEY, BALHAM

Comment les explorateurs polaires vont-ils aux toilettes ?

Billy Braithwaite, 9 ans, Londres

Le plus vite possible !

MR PLUM, PLUMSTEAD

Expédition royale de l'Antarctique

2 septembre 1909

Ma très chère Marjory,

Qui voudrait être explorateur polaire professionnel ? C'est le cœur lourd que je prends ce bout de crayon tout abîmé, peut-être pour la dernière fois, afin de vous écrire, ô mon ange. Pemberton a depuis longtemps cessé d'être cohérent et gît étendu, comme s'il attendait résolument la mort, à quelques mètres de moi. Baines a perdu l'usage de sa jambe gauche, et se plaint qu'il n'arrive plus à sentir son visage. Je lui ai dit qu'il devrait enlever son casque de plongée porte-bonheur, mais il ne m'entend pas. Je crains que nous ne soyons bientôt forcés de manger Minka, le dernier de nos braves vieux chiens, et nous avons liquidé la dernière bouteille de chablis 1899. Comment pouvons-nous continuer ? Je ne peux pas m'empêcher de penser que si nous nous mettons dans cet état lamentable à force de boire dans le hall d'entrée du Reform Club, à trois bonnes semaines de notre départ pour l'Antarctique, nous n'aurons pas le moindre espoir de parvenir au Pôle.
Je demeure, comme toujours, votre aimant et horriblement ivre
Phozzy

(Lettre portant le cachet du 3 septembre 1909, par courrier lent. Arrivée mardi.)

Pour répondre à la question du jeune maître Braithwaite concernant la toilette quotidienne d'un explorateur polaire : la vérité est tout aussi prosaïque et inconfortable que l'on peut s'y attendre. Bien entendu, vous ne voulez pas d'une flaque d'urine gelée dans la tente, où elle pourrait être décongelée par le feu, de sorte que vous êtes obligé de sortir. Pour éviter de laisser votre odeur en un lieu fixe et d'attirer des ours polaires (et pour rester en mouvement dans le froid), il est conseillé de sauter en cercles, disséminant vos déchets liquides dans toutes les directions au gré des vents polaires à 150 km/h. D'où l'expression « pisser dans le vent », que Shackleton rapporta de son expédition de 1912.

IN. COGNITO, CERCLE POLAIRE ARCTIQUE

(PENNY ! C'est moi, l'ancien rédacteur en chef ! J'espère que vous tenez le coup, ma vieille. J'ai réussi à trouver quelques éditions de l'Old Git dans une librairie de Medicine Hat, Alberta – et je vois déjà par quel raseur pointilleux on m'a remplacé, son pédantisme et sa complète ignorance du monde moderne. Ça doit être insupportable pour vous. Quoi qu'il en soit, les voyages sont aussi épatants que je l'escomptais. J'ai vécu un moment atroce à la frontière de l'Alaska quand ils ont refusé de croire que j'avais traversé à pied le détroit de Bering, sans vêtements plus robustes qu'une paire de tennis et un ou deux pulls de cricket. Mais j'ai résolu le problème, et me voilà dans le cercle polaire arctique. C'est la plaie pour allumer mes vieux cigarillos, et je rate le championnat du monde de pétanque au moment où nous parlons, mais on n'a rien sans peine, Penny ! Tenez bon, ma chère ! Oh, et bien sûr – n'imprimez que ma réponse anonyme ci-dessus, pas cette note qui vous est adressée. Vous serez un amour.)

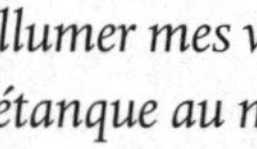

Est-il vrai que péché d'orgueil ne va pas sans danger ?

Toby Titting, Wollaton

Je dirais que oui. Je travaillais naguère avec un certain professeur Stephen Dumughn au département d'histoire sexuelle de Watford, mais quand le professeur s'est moqué de moi avec arrogance parce que je portais des talons compensés et a suggéré « un lancer de nain du bureau au profit d'œuvres de charité », on lui a demandé de partir. Je n'ai pas encore vu son nom mentionné dans l'une des autres grandes universités sexuelles (Newcastle, Reading, Ayia Napa), et me déclare satisfaite de voir sa réputation ruinée.

Plus intéressant pour les lecteurs réguliers de l'*Old Git*, on a récemment découvert des papiers saccageant la réputation du célèbre aventurier Arthur « Paddy » Staunton-Whipsthistle. « Padso », qui jouissait d'une telle renommée sur ses vieux jours pour avoir déniché le milieu de nulle part à la fin des années 20, était l'incarnation même du vieux cochon orgueilleux, extrêmement cultivé et méprisant. La mystification du vieux faussaire fut découverte dans le journal intégral de son fidèle cuisinier Lacrouche, qui devait être montré cet été dans l'émission *Antiques Roadshow* [1]. (Malheureusement, les producteurs ont décidé à la place de diffuser des images remarquables montrant Michael Aspel [2] trébuchant et passant la tête à travers un portrait de Holbein vieux de cinq cents ans, *Lady Mary Leicester*. Je vous conseille de les chercher sur

---

1 Émission de la BBC dans laquelle des experts sillonnent le Royaume-Uni pour évaluer des antiquités locales (Ndt).

2 Présentateur de l'émission *Antiques Roadshow* (Ndt).

YouTube – il ne manque que la barbe à papa, les rires enregistrés et une musique apocalyptique à l'orgue de barbarie pour compléter la scène.) Ce qui devient clair grâce à Lacrouche, c'est que « l'infortuné » valet de Staunton-Whipsthistle, Nick Blake, était en réalité le cerveau de l'intrépide trio. « Émacié et meurtrier en combat à mains nues », voilà comment Lacrouche décrit Blake, qui au fil des lettres apparaît comme un extraordinaire esprit universel, un véritable Érasme des temps modernes qui apporta des contributions durables aux domaines de la peinture, de la navigation, de la philosophie et du macramé. Ayant découvert de nombreuses fois le milieu de nulle part, Blake résolut ensuite la quadrature du cercle en 1934, et en 1957 découvrit triomphalement une nouvelle couleur, le « Klein Blake international ». Bien sûr, tout le monde connaît la suite : l'hiver de la même année, Blake fut retrouvé mort dans la Manche, et son collaborateur, l'artiste français Yves Klein, rendit par la suite cette couleur célèbre sous le nom de « bleu Klein international ». Moins connue est l'identité du mentor, père adoptif et plus tard amant d'Yves Klein : un certain Arthur « Paddy » Staunton-Whipsthistle...

« LOFTY » MUNTERPOUNCE, DÉPARTEMENT D'HISTOIRE SEXUELLE,
UNIVERSITÉ DE WATFORD

Corrections & Clarfications

Dans les souvenirs du général Smythington-Smythe la semaine dernière, plusieurs lecteurs ont été alarmés du fait qu'il prétendait avoir pris le thé avec l'empereur Hirohito à Kyoto en 1944, et s'être ensuite fait « hara-kiri ».

Ils se demandaient comment il avait pu écrire cette rubrique si ces faits étaient exacts. Le général s'excuse pour cette erreur. Travaillant clandestinement à l'époque pour le MI6, il s'était en réalité fait « Mata-Hari », autrement dit, avait couché avec un ennemi afin d'obtenir des secrets d'État. « Cette confession ne me met pas à l'aise, écrit-il, mais au cours des moments inestimables que nous avons passés ensemble, l'empereur m'a révélé un grand nombre de ses routes commerciales ».

À part la surdité de Beethoven et la cécité de Stevie Wonder et Ray Charles, y a-t-il d'autres exemples de grands musiciens ayant triomphé d'un handicap ?

Brigid Donald, Istanbul

L'histoire la plus extraordinaire concernant un musicien privé d'un de ses sens est certainement celle du compositeur israélo-écossais Yitzak MacGonagall, enfant muet qui était également un remarquable prodige. Il manifesta pour la première fois son talent à dix-huit mois en entrant à quatre pattes dans le pub où son père buvait, et en jouant au piano « Rentre à la maison, espèce de salopard écossais bourré » en morse. Bien qu'incapable de parler, il pouvait communiquer par diverses variations stylistiques mélodieuses, exploitant tout le répertoire des tons majeurs et mineurs pour faire passer les idées les plus complexes. Un intendant du lord du manoir, qui se trouvait alors dans le pub, transmit son nom à de plus hautes autorités et à l'âge de quatre ans, en 1897, il dirigeait des symphonies et écrivait des quatuors à cordes pour exprimer son amour à une petite fille de sa garderie. Elle se nommait Hilary, mais malgré tout, l'amour du jeune garçon resta intact, et dès son septième anniversaire, il la présentait au conservatoire de Moscou pour une interprétation de son premier concerto pour piano.

Il mourut à dix-sept ans lors d'un tragique malentendu : incapable de communiquer autrement que par la musique, il se rendit au bar local pour demander à son père de lui prêter un shilling. Essayant de commander un soda au gingembre sur le piano délabré, son père confondit une mazurka avec une tarentelle et le battit à mort avec un métronome. Son corps est embaumé à la Fondation israélienne pour la musique classique d'Aberdeen.

ALBRECHT LE BŒUF, ISLE OF DOGS[1]

Les chauves-souris ont-elles des c....... ?

Andrew Hudson, Londres

Bien évidemment – et pas qu'un peu. Certaines espèces de chauves-souris, telles que la frugivore à longues oreilles du Pérou, sont considérées comme ayant les plus gros testicules du

1 Ancienne île de l'est londonien, entourée sur trois côtés par un méandre de la Tamise (Ndt).

règne animal, en proportion de leur masse corporelle. Disons que si Colin Jackson avait été bâti dans les mêmes proportions qu'une Péruvienne à longues oreilles, il n'aurait pas fait grand-chose au 110 mètres haies, soyez-en certain.

Détail intéressant, la plupart des zoologues ont enfin accompli l'effort de logique exigé par Darwin, et conviennent aujourd'hui que la cécité des chauves-souris est littéralement « congénitale » – autrement dit, le produit de millénaires la tête en bas, les yeux frappés à d'innombrables reprises par toute une bande de valseuses poilues. Plus les gonades sont grosses, plus la chauve-souris est aveugle ; plus elle est aveugle, plus son sonar est sophistiqué. Gros testicules signifient gros repas, et le triomphe des gènes à grosses balloches. Alors la prochaine fois que vous voyez une chauve-souris voleter à proximité dans le féerique air nocturne, émerveillez-vous de la beauté de l'évolution – et baissez la tête !

MOUSY TICKLE, ASSOCIATION DES AMIS DES CHAUVES-SOURIS, DARTFORD

Il est frustrant que ce mythe soit autorisé à rester intact, à cause de l'obstination de ce Mr Tickle au nom agaçant (un nom dont l'absurdité est conforme à ses mérites [1] – si nous nous retrouvons, Tickle, j'enfoncerai dans votre stupide anus ce plumeau avec lequel vous vous promenez). Le minuscule appendice ballant qui pend de l'entrejambe d'une chauve-souris est en fait une paire externe d'amygdales. Les *c*....... de la chauve-souris (dont le mâle est effectivement pourvu, pour répondre à votre question, Andrew) sont en réalité bien plus grosses et situées au fond de la gorge de l'animal. Ce qui

1 *Tickle* = chatouillis (Ndt).

explique leur air tendu et agressif, et le fait qu'elles ne peuvent émettre qu'un couinement haut perché. En ce qui concerne les mâles, du moins – libre de cet encombrement, la voix de baryton de la femelle est grave et d'une tristesse solennelle.

MEREDITH DE MALMO, SPITSBERGEN

[Pénélope – Est-ce vrai ce qu'on dit des gens dans le bureau de l'étage supérieur ? Ils sont quatre ? Avec une hache ? Et tout ça pendant que nous sirotions, comme tous les quinze jours, des cafés au lait pendant notre réunion de la rédaction visant à « mettre l'accent sur le contenu ». Il est terrifiant que le mal rôde si proche quand on vit en ville. Cela me fait regretter le temps où je travaillais à la Hedgerow Gazette [2]. Bref, la principale raison de cette note est que je viens de découvrir un mot extraordinaire de l'ancien rédacteur, et il fallait que je le partage avec vous. Il montre bien le genre de goujat auquel vous aviez affaire. Ne tapez pas ça pour la rubrique – j'ai juste pensé que cela pourrait vous faire sourire.]

Mon Iris adorée,

Tu seras ravie d'apprendre que j'ai enfin réservé une chambre d'hôtel à Baden-Baden pour notre rendez-vous galant. Je crains cependant de devoir t'avertir – étant à court d'argent pour le moment – que les Allemands ont un système de tarifs très étrange, la preuve :

Doppel Zimmer – 80 marks
Doppel Zimmer mit shower – 100 marks
Doppel Zimmer mit Dusche und WC – 120 marks

Penses-tu pouvoir envisager de « te soulager » dans la douche, pour économiser ces 20 marks supplémentaires ? Tu seras une chic fille.

---

2 « Gazette des campagnes » (Ndt).

Que signifie réellement la fameuse annonce dans les gares « Inspecteur Sands, veuillez vous présenter au quai 5 »[3] ?

Sally Kroop, Bayswater

Cette expression codée, merveilleusement anachronique, n'a jamais été publiquement expliquée par les compagnies ferroviaires, mais de nombreuses personnes pensent qu'elle se réfère à n'importe quelle urgence anonyme, telle qu'un début d'incendie ou un déversement accidentel de produit dangereux – surtout du fait que le numéro de quai change en fonction de l'annonce.

J'ai entendu bien d'autres phrases à succès du même acabit au fil des ans : « Une représentation de *La Ballade de la geôle de Reading* aura lieu dans un instant sur le quai 6 » (traduction : « Si vous vous tenez sur le bord du quai 6 et que vous levez les yeux vers la grille du plafond du quai 10, vous pourrez voir sous les jupes d'une femme ») ; « Déferlante, plage 8 » (« Quelqu'un a vomi un kebab sur le quai 8 »); et « Deborah pourrait-elle me fesser, légèrement mais fermement, dans le hall d'entrée » (« Touristes italiens égarés »).

TONY LYONS, WHITSTABLE

3 Annonce codée servant, dans les transports publics du Royaume-Uni, à informer les autorités d'une éventuelle urgence sans causer de panique parmi les usagers (Ndt).

Il est stupéfiant de voir combien de gens ne pensent même pas à s'arrêter pour écouter les annonces dans les transports en commun. Mais attendez un peu le *Sunday Times* de cette semaine. Le secret est enfin ébruité ; en tant que journaliste, j'ai cru de mon devoir d'emporter un dictaphone dans le métro, et de retranscrire le mantra monotone qui ronronne en bruit de fond lors de chaque trajet. Les résultats sont authentiquement étonnants. Un vrai scoop : « Du fait de réparations en cours, le trafic sur les lignes Northern, Circle, District, Jubilee, Metropolitan, Piccadilly, Central et Waterloo and City est actuellement interrompu. Toutes les autres lignes – correction : l'autre ligne – fonctionnent de façon satisfaisante. De façon excellente, en fait. Vous avez très envie de dormir. Vous vous sentez bien et heureux. Votre vie sexuelle est satisfaisante. Quand vous vous réveillerez, vous ne haïrez pas le maire Boris Johnson. Il vous paraîtra plus grand et ressemblera moins à une carcasse de bœuf couverte de foin Du fait de réparations en cours, la Northern line »

ENVELOPPE SANS ADRESSE

Je suis si contente que quelqu'un d'autre que moi ait remarqué à quel point ces annonces insistent invariablement sur la qualité du service, au lieu de nous poser la question ! Mon mari travaille pour le métro de Londres, et j'ai remarqué que récemment, en faisant l'amour, il s'est mis à parler beaucoup plus : « Vous profitez actuellement d'un excellent service » est son leitmotiv juste avant l'orgasme. J'envisage d'écrire une lettre de réclamations au maire Johnson.

PATRICIA LOWSMITH, TOTTERIDGE & WHETSTONE

Cher Bill Oddie,
Je vous écris pour vous dire à quel point j'apprécie la nouvelle série de *Springwatch* [1], bien que je n'apprécie guère le petit blond dépenaillé qui présente l'émission en votre compagnie. En tout cas, je suis très excitée de pouvoir vous écrire à propos des activités visibles depuis ma fenêtre : les mésanges bleues sont de retour, ces petites effrontées ; les écureuils ont commencé à émerger après leur sommeil d'hiver, et j'adore voir leurs petites têtes animées et curieuses quand je sirote ma pinte matinale de Baileys. Oh, et Mrs Peacock, la voisine, s'est disputée avec son mari hier soir. De vous à moi, Bill, ça leur pendait au nez depuis un moment. Lui n'est qu'une merde, et elle ne vaut guère mieux.
Chaleureusement vôtre,

VALERIE PARSNIP, BRIGHTON

Corrections & Clarfications

Nous aimerions nous excuser pour les erreurs présentes dans la rubrique de l'*Old Git* du mois dernier écrite par le général Smythington-Smythe, et concernant ses souvenirs coloniaux, où il semble que, contrairement à notre habitude, nous avons laissé passer quelques inexactitudes. Dans le paragraphe où il prend le thé avec le sultan, à la place de l'expression « ce sale Arabe ignorant qui s'enfuyait », il fallait lire « ignorant un sale rat qui s'enfuyait » et l'épithète « répugnant salaud doctrinaire » n'était pas censée s'appliquer au ministre de l'Intérieur saoudien, mais au sous-secrétaire du consul britannique. Nous tenons à nous excuser auprès des quarante-sept lecteurs musulmans qui nous ont écrit pour protester, et à ajouter, pour notre défense, que nous ignorions votre existence. Allah Akhbar !

1 Émission sur la nature de la BBC, présentée entre autres par Bill Oddie (Ndt).

Qu'insinuaient exactement les tabloïds à propos de ce que Richard Gere faisait avec un hamster ?

R. Daring, Londres

Des rumeurs circulent depuis des années concernant l'éventuel plaisir qu'un acteur de la stature de Gere pourrait tirer d'un si petit mammifère. Je n'ai jamais cru aux articles portant sur cette pratique sexuelle fictive consistant à s'asseoir sur un mulot agité afin de stimuler la prostate.

C'est à peu près aussi probable que le même acteur s'adonnant à la pratique encore moins connue du « trombone », dans laquelle les lèvres sont placées sur les fesses du ou de la partenaire tout en tendant la main de l'autre côté et en soufflant vigoureusement sur toute la gamme musicale. L'image de la star d'*Officier et Gentleman* tentant de tirer quelques notes aiguës et éclatantes d'un hamster en érection est manifestement ridicule. Je ne parviens pas à souvenir d'un autre membre de la section des cuivres qui ait été aussi petit. En y repensant, cependant – comme je l'ai fait toute la journée en regardant par la fenêtre de mon bureau – un gros chat serait à peu près de la même taille qu'un véritable trombone [...]

RUFUS BARQUE, NOTTINGHAM

[Note du rédacteur : Pénélope ! Je sais que nous ne sommes pas partisans de la censure, mais j'adore les chats. Veuillez interrompre l'article à cet endroit.]

Merci d'avoir interrompu l'effroyable lettre de Rufus Barque comme vous l'avez fait. Dieu seul sait quelle abomination elle décrivait ensuite. Ici, à la Ligue pour la protection des chats, nous nous sommes livrés à de considérables recherches sur l'incidence et les effets des sévices sexuels infligés aux chats, et nous avons publié nos conclusions. Peut-être Mr Barque trouve-t-il simplement amusant d'imaginer gonfler le derrière d'un chat tout en le caressant, mais tous nos tests ont indiqué que le chat trouverait certainement cela très perturbant et qu'il pourrait souffrir d'un syndrome de souvenirs refoulés psychologiquement nuisible, qui risquerait de le rendre dépressif par la suite. En fait, l'histoire très émouvante de notre principal sujet de tests, un chat tigré du nom de Major Tom, a été retranscrite sous la forme d'un bouleversant, mais au bout du compte réconfortant, recueil de « mémoires misérables » avec l'aide de son nègre, un golden retriever nommé « Ziggy ». Ces mémoires ont récemment été achetés après une vente aux enchères animée entre éditeurs, et semblent susceptibles de déchaîner le marché des mémoires misérables. Peut-être cela aidera-t-il à faire connaître aux gens ordinaires les dommages qu'entraine le fait de traiter ses animaux domestiques comme des objets sexuels, et une fois qu'ils s'en rendront compte, ils cesseront de le faire. En tout cas, c'est ce qui m'est arrivé.

PROF. JEFFREY SCOLE, PRÉSIDENT DE LA LIGUE POUR LA PROTECTION DES CHATS

J’avais un chat, mais il a filé. Pouvez-vous m’aider ?

Terry, Coventry – La question demeure sans réponse

Qu’est donc devenu Ronald McDonald ?

Tim O’Hagan, Woldingham, Surrey

Ronald McDonald a si longtemps incarné McDonald’s sur la scène mondiale que, tout comme pour Michael Jackson, il est difficile de se rappeler à quel point McDonald lui-même était célèbre dans les années 80. Aimé des enfants du monde entier, Ronald apportait joie et viande de vache grillée à notre planète, et personne ne peut lui enlever ça. Mais même les bonnes choses ont une fin, bien sûr, surtout dans l’univers impitoyable et capricieux des marques mondiales. D’aucuns disent que Ronald gagne difficilement sa vie à Las Vegas, mariant de jeunes couples en fuite, déguisé en Elvis chinois ; d’autres affirment qu’il habite une cabane en rondins dans les étendues sauvages du nord de l’État de Washington, menant la vie simple d’un bûcheron ; plus âgé aujourd’hui, bien entendu – le maquillage un peu brouillé par les éléments, son collant jaune vif tout plissé et peut-être un peu déchiré par les ronces, sa perruque un peu plus crépue en raison de la pluie constante. Mais s’il faut en croire la couverture claironnante [*ne serait-ce pas plutôt*

« trombonante » ? – Le rédacteur] de son roman à paraître prochainement, le vieux clown a enfin trouvé la paix, là-bas dans les bois :

Ronald McDonald

Le repas malheureux

Les larmes d'un clown, et les riens qui nous punissent

Paris, 1940. À la périphérie de la ville, les forces d'Hitler sont tapies comme un chat sur le point de bondir.

De retour à l'époque actuelle, le jeune Neville McCreville a peu de choses en commun avec la dramatique occupation par les nazis d'une France déchirée par la guerre vous incitant à lire la quatrième de couverture de ce livre. C'est un enfant heureux : aimé par ses parents, et à l'aise avec son visage horriblement défiguré et ses pieds aux extrémités bombées ; plus heureux, en tout cas, que son demi-frère sournois et incontrôlable, Greville.

Mais les choses ne sont pas toujours ce qu'elles semblent en Utopie. De noirs secrets se cachent sous la surface de chaque famille, les clichés éculés abondent, et si le jeune Neville doit devenir un homme, il devra d'abord découvrir ce qu'est devenue la recette de sauce spéciale de sa grand-mère

BRAD CABLE, ST LOUIS

Je n'ai jamais vraiment compris le proverbe « A snitch in mime serves time »[1]. L'un des lecteurs de l'*Old Git* pourrait-il m'éclairer sur sa signification ?

Kathy Parks, Nottingham

Je pense que Kathy Parks parle de gagner du temps en faisant preuve d'industrie à court terme ; mais j'aime assez l'image d'un loubard de l'East End obligé de se déguiser en Marcel Marceau pour sa punition. Dans les deux cas, le proverbe original s'avère très utile, le temps étant précieux dans notre société moderne. Pour ma part, je peux recommander de manger tous ses repas assis sur les toilettes. Engloutir, mâcher, faire plop, engloutir, mâcher, faire plop – je dois économiser dix à quinze minutes par jour au bas mot – et ça laisse les robinets libres pour que ma femme se brosse les dents.

BARNABY SLEEK, CORNOUAILLES

[Note du rédacteur : Pénélope, désolé, je lutte avec ce dictaphone moderne. J'ai pensé qu'un moment tranquille au petit coin pourrait m'aider à me concentrer. Pouvez-vous me rendre un service ? Oublions la manière atroce dont notre correspondante a estropié un proverbe célèbre, mais auriez-vous l'obligeance de ne pas imprimer de lettre de Kathy Parks à l'avenir ? Elle a été ma partenaire intime quelque temps, voyez-vous ; mais elle insiste pour m'en vouloir à cause du malencontreux malentendu concernant la signification de « trombone » qui s'est produit sur le parking de Halfords l'été dernier. Elle voulait simplement que je passe son CD préféré de Louis Armstrong. Il est important que je conserve un semblant de dignité,

1 Il s'agit du proverbe *A stitch in time saves nine*, « un raccommodage à temps en évite neuf autres », déformé en *A snitch in mime serves time*, « Un mouchard en mime purge sa peine » (Ndt).

maintenant que ces foutus modernisateurs au bout du couloir essaient de nous transformer en Young Git. *La la la – comment éteint-on ce fichu truc ?… ça émet encore un petit ronronnement comme s'il enregistrait, je ne veux pas être enregistré en train de siffloter le thème de* The Archers [2], *très mauvais message... Oh, braguette ouverte… taches jaunes… ne pas oublier de secouer vigoureusement le bout avant de remballe…. clic]*

Est-ce celui qui le dit qui l'est ?

Henry Gaylord, Claygate

Cette raillerie populaire des cours de récréation nous est en réalité parvenue des profondes (et profondément troublantes) controverses entre philosophes aux XIXe et XXe siècles. Les grands penseurs, essayant de dépasser la façon de penser horriblement isolationniste léguée par le « Je pense, donc je suis » de Descartes, tentèrent de montrer qu'en dehors de la connaissance de notre propre expérience, nous pourrions être capables de nous prouver que d'autres personnes existent. Heidegger et d'autres explorèrent cette manière de voir sur la voie solitaire de l'existentialisme, mais depuis sa chambre d'étudiant de Cambridge, Wittgenstein, qui avait traduit la phrase de Descartes sous la forme « On pense, donc on est », publia en 1941 une lettre ouverte aux autres philosophes, intitulée : « Est-ce celui qui le dit qui l'est ? »

2 Feuilleton radiophonique familial de la BBC (Radio 4), dont plus de 15 000 épisodes ont été diffusés depuis 1950 (Ndt).

Le seul penseur qui se sentit à la hauteur du défi fut Bertrand Russell, dont la réponse publiée a été, simplement et curieusement : « Je sais ce que vous êtes, mais que suis-je ? »

ROGER DAPPELTHORPE, DUNSTABLE

Il est difficile de dire si l'on se connaît ou non [1]. Cela dépend entièrement du fait de savoir si l'on s'est rencontré ou non. Si l'on s'est effectivement rencontré, on est sans aucun doute ravi de dire que l'on s'est rencontré plus d'une fois.

PRINCE DE GALLES, SANDRINGHAM

J'en ai connu une. Mais je présume que je dois avouer que j'en étais un, moi aussi, lors de cet été fatidique, les nuées d'orage de la guerre s'amassant à l'horizon telle une traînée sombre.

Je ne pouvais m'empêcher de penser aux jours anciens et idylliques des années 30 alors que je me préparais à rencontrer Miss Fenton. Cela faisait de nombreuses années que nous ne nous étions plus parlé, et le souvenir de notre séparation me pesait lourdement tandis que je manœuvrais sur les routes tortueuses menant au petit bourg de Felching. Je me rappelais clairement le simple émerveillement que j'avais éprouvé petit garçon à voir Felching pour la première fois depuis le siège arrière de la Packard de père. Bien sûr, cela n'aurait jamais marché entre Miss Fenton et moi. Mr Brad Ferryman, un gentleman américain et nouveau propriétaire de Hartington Hall, était un homme bon. Il m'a exhorté à abandonner un moment ma tâche consistant à polir le cor de chasse de lord

1 L'expression anglaise correspondante est *It takes one to know one* (Ndt).

Curzon au coin du feu pour aller retrouver Miss Fenton et lui déclarer mes sentiments ; mais je crains que notre histoire ne reste à jamais une histoire de ce qui aurait pu être, si j'en avais été un et qu'elle en avait réellement été une, elle aussi – nos mains se touchant accidentellement pendant le service du soir, et une incapacité typiquement anglaise à exprimer des émotions intenses. En dehors, bien entendu, de l'unique fois où nous avons baisé comme des bêtes dans l'office.

STEVENS LE MAJORDOME, HARTINGTON HALL

[Note du rédacteur : Pénélope, veuillez retourner la lettre qui suit à l'envoyeur. Je l'ai trouvée dans un coffret doublé de velours, sous une planche mal fixée du bureau. Comme c'est étrange !]

Ma très chère H,

J'ai l'impression d'être une si mauvaise sœur pour avoir laissé traîner les choses aussi longtemps, mais je suis bien plus soulagée que je ne saurais le dire de t'annoncer que mes nombreuses prières et ma patience ont enfin payé : depuis hier, nous sommes bien installés dans ce divin cottage, à moins de cinq cents mètres du village pittoresque de Pittle. Jeremy, plus heureux que jamais, fouille dans les chambres d'amis et les dépendances en quête d'objets rouillés pour sa prochaine exposition, et Petunia chante joyeusement au bord du petit ruisseau qui serpente au fond de notre parc, bavardant déjà avec un nouvel ami imaginaire. Mais c'est moi qui suis la plus heureuse – j'ai découvert dans le grenier plusieurs malles pleines de papiers qui appartenaient à l'un des précédents propriétaires du cottage. Je ne saurais dire *quand* exactement ils ont été écrits – ils semblent avoir été en sommeil depuis des décennies – mais leur auteur parle d'un quartier épouvantable dans une ville immense, quotidiennement en proie à la pluie pendant de nombreuses années, et où il a pris note de mille histoires étranges et terrifiantes. Le journal que j'ai trouvé sur le dessus de la pile contient un récit fascinant datant de la fin de sa vie, alors qu'il devait vivre ici.

Il semble qu'un jour, une jeune fille se soit présentée à sa porte pour lui vendre des pommes venant de son propre jardin. Lorsqu'il l'en accusa, elle s'effondra, le suppliant de la protéger. Il eut pitié d'elle, et la laissa dormir dans une dépendance (une *dépendance* ! Quelle brute !). Dans les quelques notes qui suivent, il semble très perturbé et malheureux, mais il est difficile de distinguer ce qui se passe. Le lire dans la cuisine même où il a été écrit me donne des frissons d'effroi. Mais j'ai lu toute la nuit, et le soleil se lève. Je dois y aller. Je t'informerai de la suite !

Avec tout mon amour, ta sœur dévouée,

Clarissa

Corrections & Clarfications

Nous aimerions nous excuser auprès des éditeurs Faber & Faber pour notre malencontreuse décision d'annoncer l'événement littéraire « Une soirée avec Seamus Heaney » sous la forme « 10 £ POUR VOUS ENVOYER UN POÈTE ». C'était un après-midi tranquille dans le bureau de l'*Old Git*, et la nouvelle direction nous impose une pression considérable pour que nous vendions plus de billets pour les événements que nous sponsorisons. Tout le monde ici envoie ses meilleurs vœux au lauréat du Nobel, et lui souhaite un prompt rétablissement des blessures subies lorsqu'il a été assailli par 900 membres d'un groupe de lecture du troisième âge.

Y a-t-il un lieu sur Terre où, pour une raison ou une autre, le soleil ne brille pas ?

Stephen Dumughn, Coordinateur en chef des restrictions sur la taille, Chessington World of Adventures[2]

En dehors du fait évident que le soleil ne brille pas sur la moitié du globe à n'importe quel instant donné, il existe un exemple de lieu qui a été envahi par une ombre scientifiquement inexplicable – la ville de Grantsburg dans le Dakota du Nord, en 1936.

Tout commença un dimanche après-midi de décembre, juste au moment où la plupart des familles, rentrées de l'église, s'étaient attablées pour le déjeuner dominical (sans doute suivi d'une saine tarte aux pommes dans ce coin ultraconservateur de l'Amérique). Des nuées orageuses s'amassèrent, si denses qu'en une demi-heure, toute la ville est devenue d'un noir d'encre. Pire, le centre-ville fut assailli par de constants orages, éclairs, grêle et, deux jours plus tard, une tornade qui emporta la façade d'un immeuble de bureaux et arracha les panneaux d'affichage sur son passage, déchaînant ses énergies destructrices sur une bande de 800 mètres.

Détectives paniqués et météorologues en quête d'ambulances furetèrent jour et nuit dans les rues pour trouver une

2 Parc à thème familial situé à 25 km au sud de Londres (Ndt).

explication. Après une chasse à l'homme superstitieuse lancée par une foule en colère, le quatrième jour d'obscurité, des groupes munis de torches traînèrent un homme sur la place, un ouvrier au chômage de l'usine de chaussures nommé Milo Grubhorn, type timide et sensible qui avait sombré dans une profonde dépression quand sa petite amie l'avait quitté. La foudre avait frappé son immeuble quarante-trois fois depuis le black-out, tuant trois retraités et un canard, et la tornade s'était taillé un chemin depuis sa fenêtre jusqu'à l'adresse de son ex-petite amie.

Quand la foudre commença à frapper la foule, ils se précipitèrent à la mairie pour y enfermer Grubhorn et ses peines d'amour, et se dispersèrent immédiatement. La foule, les scientifiques et les flics se mirent à l'abri tandis que dehors, les perturbations climatiques empiraient. Une invasion de cigales et de haddocks battant des nageoires martelèrent les murs et le toit ; des averses de bicyclettes rouillées et d'horloges cassées brisèrent les fenêtres. Les rares personnes assez imprudentes pour s'aventurer dans la mairie déclarèrent que l'intensité du malheur de Grubhorn *aspirait toute la lumière de l'atmosphère*, de sorte qu'il faisait noir comme dans un four et qu'il était difficile de voir plus qu'un brouillard gris, même en tenant une lampe devant soi.

Trente heures n'étaient pas encore passées dans la mairie dévastée que l'un des flics conçut un plan. Seize hommes gisaient morts dans un océan de verre brisé et de briques arrachées ; le toit s'incurvait dangereusement vers l'intérieur et des cadavres de pingouins, des pianos à queue et une presse à imprimer parsemaient les décombres, tous précipités contre le bâtiment dans la colère divine de la tempête. Ils envoyèrent des coursiers chercher la « petite amie », LeeAnn Lestrange, dans l'espoir de calmer la tempête. Non seulement elle refusa, mais elle s'avéra être une prostituée qui, lorsqu'ils lui montrèrent la photo de Grubhorn, reconnut en lui un client qui « ne s'était pas montré à la hauteur » et avait ensuite pleuré lorsqu'elle était partie. Finalement, un imposant pot-de-vin la fit entrer dans la mairie. Baissant la tête sous une averse de tourtes au bœuf et aux oignons et de dictionnaires grecs, les policiers se retirèrent dans un hôtel en ruines de l'autre côté de la rue, pour attendre.

Les heures passèrent, et les premiers signes n'étaient pas bons. La neige tomba en masses paresseuses puis s'épaissit en blizzard. Minuit passa, et les congères amassées contre les murs rencontrèrent celles venues du toit. Finalement, les flics pétrifiés et les météorologues fascinés, en jetant un œil dehors, virent le bâtiment disparaître sous une parfaite pyramide de glace. Puis la neige cessa, et le vent aussi. Les nuages commencèrent à se disperser pour être aussitôt suivis d'un unique rayon de lumière qui illumina le sommet. Bientôt, les rues vides furent réchauffées par un véritable rayon de soleil et, en quelques heures, par la chaleur brûlante d'un soleil de plein été. Attirées hors de leurs abris anti-aériens et de leurs caves, les foules s'assemblèrent pour voir fondre la dernière glace et discerner la forme de LeeAnn qui sortait, hésitante, par les portes dévastées. Contemplant avec méfiance la foule assemblée, elle s'avança vers les rangées de microphones tendus et prononça sa déclaration qui tenait en une phrase : « Ce p'tit gars-là n'est plus vierge ».

DONALD FENELEWICZ, MYO COUNTY, OMAHA

Corrections & Clarfications

Tétons. Tétons tétons tétons. Tétons, tétons, tétons, tétons… tétons tétons tétons.

Tétons. Tétons ! Tétons tétons tétons tétons tétons. Tétons. Tétons. Tétons. Tétons.

Tétons. Tétons. Tétons tétons tétons.

« Où le soleil ne brille pas » est une expression d'argot américain désignant le « trou du cul », comme nous le savons tous. Mais pourquoi disent-ils toujours, dans les séries policières : « Ne me souffle pas de la fumée dans le cul », pour dire : « Ne me mens pas » ? D'où vient cette expression ?

Peadar O'Súillebháin, Glenbeigh, comté de Kerry

Ah, quel innocent vous faites, Mr O'Súillebháin ! (Et cependant, de quels plaisirs vous vous êtes privé !) La vérité est que cette expression est en réalité originaire de votre propre patrie, ou plutôt des premiers groupes de vos compatriotes qui ont amassé de petites fortunes en exportant des ânes dans les ports de Nouvelle-Angleterre, en particulier Boston, à la fin du XVIIIe et au début du XIXe siècle.

Naturellement, on ne pouvait entasser qu'une certaine quantité de fourrage sur les bateaux sans rendre le voyage inutile. En conséquence, les animaux arrivaient pour la plupart efflanqués, et ne rapportaient que de maigres bénéfices. Jusqu'au moment où un contrebandier inventif, opiomane et pervers du nom de Dominic Lascelles, plongé dans une profonde rêverie narcotique, amusa ses amis (et gagna un pari) en exhalant la fumée de sa pipe dans le derrière d'un âne. Le lendemain, une fois remis (et, peut-on espérer, après s'être soigneusement lavé les lèvres), il constata que l'âne n'avait pas mangé de fourrage, et pourtant semblait heureux bien qu'un peu vaseux – et, avec son côlon rempli de fumée, paraissait également plus gras.

Il débarqua donc à Boston avec les ânes les plus gras et les plus épanouis, et vendit tout son stock en vingt-quatre heures à de petits exploitants qui avaient besoin de bêtes de somme robustes, fiables et peu coûteuses. Au bout d'un an, le commerce était envahi par cette astucieuse pratique, et la perception courante de l'âne ne tarda pas à changer, passant de la créature rusée du folklore irlandais à une sorte de mammifère stupide aux yeux somnolents. Au cours des cinquante années qui suivirent, la signification du mot « ass [1] » (comme une chose sur laquelle un fermier passait toute sa journée assis) fusionna dans la langue américaine avec le mot anglais « arse », d'où notre intrigante expression actuelle.

Lascelles lui-même devint obsédé par la fumée d'opium ingérée dans le côlon, comme système plus efficace et nettement plus agréable pour administrer sa drogue. Mais ce système ne se popularisa pas ; pas plus que les pipes spéciales, faites d'un tube

1 En anglais, *ass* signifie « âne » et *arse*, « cul » ; en américain, le mot *ass* désigne les deux (Ndt).

de cuir, qu'il développa et tenta de commercialiser. Il se retrouva à court d'argent et, drogué jusqu'à la garde, mourut dans un taudis new-yorkais parce que, retenant une dose presque mortelle de fumée à l'intérieur avec un bouchon, il toussa violemment, détachant le bouchon et se propulsant par la fenêtre du troisième étage.

CLAUDE DEVANEY, MUSÉE DES USAGES DU BOUCHON, ODESSA, TEXAS

Corrections & Clarfications

Chers tétons. Veuillez accepter nos tétons pour le fait que la fonction « remplacement automatique » était à nouveau tétons dans l'article spécial du mois dernier sur les tétons. Penny, pouvez-vous nous apporter des tétons ? Tétons.

Est-il possible de faire une montagne d'une taupinière ?

Jill Trent, Spillane, New Jersey

À vrai dire, sur les nombreuses maquettes utilisées pour la trilogie du *Seigneur des anneaux*, c'est exactement ce qui a été fait. New Lives Studios le reconnaît concernant le coffret des trente-quatre DVD de l'édition spéciale finale et définitive, qu'ils publièrent à la « demande populaire » six mois après le coffret spécial de vingt-deux DVD de l'édition limitée « director's cut ».

Sur le *huitième* commentaire (ou « piste du yack »), au cours duquel le film est discuté par les assistants costumiers, éclairagistes et assistants du chef électricien (sur la *neuvième* piste audio figurent tous les nains utilisés sur le plateau – pas les acteurs, juste ceux qui tenaient les échelles et réparaient les machineries complexes), on se rend compte que la plupart des chaînes de montagnes de la trilogie ne sont pas des images de synthèse soigneusement élaborées, mais des rangées de taupinières filmées en très gros plan. Une équipe de taupes spécialement entraînées, et grassement payées, était entretenue sur le plateau pour creuser différents types de sols afin de créer les différentes esthétiques nécessaires. La Montagne du destin fut fabriquée de cette manière, et considérée comme le chef-d'œuvre de Big Billy, une taupe imposante et trapue qui creusa à travers le goudron encore tiède et utilisa du marc de café pour obtenir l'effet désiré. Le commentaire permet de percer encore d'autres secrets concernant le travail méticuleux et complexe des maquettistes du film : apparemment, la majestueuse séquence dans laquelle la rivière en crue inonde les forges d'Orthanc fut inspirée par une gigantesque beuverie où Elijah Wood avait vomi sur une grande table couverte de bouteilles et de cendriers fumants.

NIAMH SHEPSWORTH, NOTTINGHAMSHIRE

Il n'est sans doute meilleur exemple d'une montagne créée à partir d'une taupinière que la dispute qui éclata en 1898 entre un employé des brevets autrichien et son épouse, à propos de la vaisselle. C'était une obsessionnelle de la propreté nommée Mileva qui, au lieu de sécher l'une des assiettes qu'il lui tendait, la rendait à son mari en insistant pour qu'il la « lave correctement ».

« C'est correct ! » s'écria-t-il. « Qu'est-ce que j'entends ? » (Elle est censée lui avoir indiqué une minuscule tache de saleté restant sur le bord de l'assiette.) « Ça ? Je l'ai frottée pendant trente secondes ! C'est la saleté la plus propre de l'univers ! Et c'est aussi petit qu'un atome ! »

La dispute s'envenima jusqu'au moment où l'employé cria que si elle voulait qu'il fissionne l'atome, c'était ce qu'il allait faire. Prenant son chapeau et son manteau, il sortit en trombe et se rendit à la bibliothèque locale, seul lieu où cet homme impécunieux ne serait pas obligé d'acheter quelque chose pour s'asseoir. Vous avez déjà deviné que son nom était Albert Einstein, mais vous ne saviez probablement pas qu'il ne s'était jamais intéressé à la physique jusqu'à cet instant. En fait, ce fut sa fureur face à l'intransigeance de sa femme qui le poussa vers la section scientifique pour se mettre à potasser, et, quand il rentrait chez lui et la trouvait en train de bouder, la bibliothèque devint une habitude à laquelle il recourut chaque soir, et tout le week-end. D'autant plus que la jeune fille au comptoir était très jolie. Il se sentit donc obligé de demander d'un air gêné des ouvrages de plus en plus ésotériques sur la physique jusqu'au jour où, à sa stupéfaction, il découvrit qu'il était plus naturellement doué pour le sujet que n'importe qui d'autre au monde.

Les femmes sont multitâches ; les hommes sont obsessionnels. Au bout de sept ans, il était si absorbé par les profonds calculs de la physique des particules et si amoureux d'Enid, la jolie (et, ce qui ne gâtait rien, célibataire) bibliothécaire, qu'il décida de composer l'équation la plus complexe que l'homme ait jamais connue. Sa théorie de la relativité générale provient d'une taupinière et est devenue la montagne dont l'ombre domina le

XXe siècle, et plane encore sur nous. Mais l'émigrée écossaise Enid McCarthy resta imperturbable et ne fut pas impressionnée par son chef-d'œuvre, $E=mc^2$, qu'il considérait comme un poème scientifique dédié à la belle. Éperdu, Einstein, jusque-là fanatiquement soigneux de son apparence, la laissa se dégrader jusqu'à ressembler à un clochard électrocuté. McCarthy, pendant ce temps, épousa un poète futuriste italien qui lui écrivit des vers sur la physique atomique. Elle ne les comprenait pas non plus, mais lui était riche.

KAREN PUBRIS, OTTAWA

Est-ce qu'un seul de ces types de la WWE[1] est vraiment capable de lutter ? Ou sont-ils ce qu'ils ont l'air d'être, un tas d'acteurs jouant les machos mais en réalité plutôt efféminés ?

Jamie Wicks, Le Havre

Nous connaissons tous secrètement la réponse à cette question – ce sont des lavettes. Il est évident que les vestiaires des arènes lors des représentations, ou « matches », de la WWE, sont au catch ce que les vestiaires des dames à Wimbledon sont au tennis – mais en plus strident. Prenez la « Lutte à mort » en mars de l'année dernière à Pasadena entre Project X, le

1 *World Wrestling Entertainment*, entreprise spécialisée dans le catch (Ndt).

Fossoyeur, et TNT. Une souris pénétra sur le ring à la mi-match, et les lutteurs se mirent à pousser frénétiquement des cris suraigus et à courir en cercle, paniqués, en agitant les mains. Deux d'entre eux grimpèrent sur les piquets et refusèrent d'en descendre tant que la créature n'avait pas été chassée par une grosse femme noire armée d'un balai. Le troisième, TNT, s'enfuit déchaîné parmi les spectateurs, et ne fut calmé que par la promesse d'une pédicurie.

MARY SICKNOTE, CASTLEVILLE, MISSOURI

J'ai vécu avec un de ces types à Venice Beach au début des années 90. Nous tentions tous les deux, à l'époque, de réussir comme acteurs à Hollywood. Je survivais en travaillant comme serveur, tandis que mon colocataire Algernon travaillait comme catcheur pour la WWE sous le nom de WMD.

Comme de nombreux « catcheurs » , il venait du monde du spectacle, ayant joué avec succès pendant quelques saisons dans les théâtres de Soho à New York (où son Ophélie lui avait valu de nombreuses louanges), mais sa formation d'origine, c'était la danse classique. À chaque fois qu'il apprenait avoir raté une audition, il s'écriait : « Oh, si seulement cette chair trop souillée pouvait fondre, dégeler et se résoudre en rosée ![1] « et exécutait la danse de la fée dragée dans notre salon. Comme beaucoup d'entre nous, il finit par abandonner son rêve, accablé par les rejets (la fois où il s'en approcha le plus, ce fut comme doublure de la coiffure de Samuel L. Jackson dans un thriller filmé directement pour la vidéo), et la dernière fois que j'ai entendu parler de lui, il donnait des cours de broderie à Oakland.

JIMMY BUCK, SAN DIEGO

---

1 Extrait du monologue d'Hamlet (Ndt).

Parchemin Expédition royale de l'Antarctique

Chère Marjory,

Quel épuisement, quelle endurance olympienne nous a entraînés dans cette situation malheureuse – quelle misère ! Quelle épreuve physique ! Quelle maigre récompense pour le courage que seuls de véritables Anglais engagés dans une quête sans espoir pourraient manifester ! Oh !

Mais laissez-moi relater mon histoire depuis le début. Trois jours de marche pénible dans un froid glacial, à travers un brouillard impénétrable, ne nous ont pas fourni le moindre repère pour nous dire jusqu'où nous avions progressé dans notre parcours – si même nous avions progressé. Ce type nommé Apsley Cherry-Garrard avait abandonné et était rentré chez lui depuis plusieurs jours, la mauviette (peut-être le ballet lui manquait-il, ou bien il languissait après la chaleur de son maître d'hôtel, un rude botaniste tombé dans le besoin, avec lequel je suis convaincu qu'il partage son lit).

Et c'est alors que nous l'avons vue. Se dressant, émaciée et majestueuse dans la brume tourbillonnante, la face antique et rougie par le vent de la plus grande des bêtes de la création, penchée en avant sur ses pattes arrière et exhalant un sifflement semblable à celui d'un cobra de dix tonnes prêt à frapper.

Nous avons réagi comme un seul homme. J'ai chargé avec mon harpon, perçant la peau dure de sa face avec un hideux cri de guerre. Baines a lancé une de nos lanternes contre son flanc, l'enveloppant de flammes, et Pemberton a braillé des incantations chamaniques pour la désorienter, puis l'a embrochée par le derrière avec une crosse de sport. La lutte a duré quelques minutes, et au milieu de nos cris, le grognement de la bête à face rouge a gagné en intensité, jusqu'au moment où, nous ayant entraînés cinquante mètres plus loin à travers un éboulis sans caractère, un petit homme impertinent, sortant la tête du flanc de la créature, a lancé d'une voix flûtée que nous pouvions faire toutes les histoires que nous voulions, mais que le trajet de Trafalgar Square au Reform Club coûtait toujours un penny.

Nous étions épuisés et, je l'avoue, battus, de sorte que nous sommes tous montés à bord, pour finalement découvrir que nous n'avions pas un sou vaillant à nous tous. C'est ainsi que nous voilà assis, ignominieusement logés dans la prison locale ! Je ne pourrais imaginer que de telles privations soient infligées aux plus vils sauvages du cœur du Congo, ni au plus solitaire des malheureux voyageurs de l'Antarctique. Seuls sept domestiques ont été autorisés à se joindre à nous, et les portes n'étaient pas assez larges pour laisser passer le panier à pique-nique ! Il ne nous manque que trois couronnes pour la caution, que je vous prie à regret de nous envoyer, ma très chère Marjory, amour de ma vie, par mandat postal. L'avenir de notre grande expédition en dépend, et l'hystérie de Pemberton ne cessera pas tant que notre liberté ne sera pas garantie, j'en suis sûr.

Votre toujours aimant

Phozzy

(Lettre portant le cachet du 18 décembre 1909, par courrier lent. Arrivée jeudi.)

Si un arbre s'abat dans une forêt et que personne n'est là pour l'entendre, pouvons-nous dire avec certitude si l'arbre abattu est la faute de mon méprisable infidèle de mari, Leonard ? Pour ma part, je pense que oui.

Deborah Mews, Slough

Chère Deborah,

Ne connaissant pas, comme ce n'est pas mon cas, je veux dire comme c'est mon cas, votre mari, je sympathise cependant avec votre détresse. Il semble effectivement être un individu totalement dénué de scrupules. Ma maison se trouve à trois mètres à peine du bord de la falaise, ici dans le North Devon, la paroi rocheuse en proie à une érosion rapide, en partie à cause des effets de l'échauffement planétaire (un processus à la sonorité grotesque que je ne comprends pas très bien) et de votre mari Leonard ! Il faut que quelqu'un l'arrête !

GOLDIE RINSE, NORTH DEVON

Chère Mrs Mews,

Je dois joindre ma voix à celle de Goldie sur cette affaire. En rentrant en voiture du Tesco [1] l'autre jour, j'ai relâché un instant ma vigilance et bousillé ma Honda Civic de 1936 flambant neuve contre un panneau « Danger : Pont effondré », après avoir dérapé sur un policier endormi. Tandis que l'ambulance emportait le cadavre de l'officier ivre et que les dépanneurs remorquaient ma voiture, j'ai eu la très nette impression que c'était la faute de votre mari. Bien que ne vous ayant jamais

1 Chaîne de supermarchés britannique (Ndt).

rencontrée, et n'ayant jamais entendu votre nom avant de le voir dans le numéro d'août, je me joins à vous pour condamner ce « méprisable » (qualificatif parfaitement adapté à ce goujat !) Leonard. Des excuses publiques et une réparation financière versée à la famille du policier devront certainement suivre.

MAUREEN HAWSER, HAMPSTEAD

[Note du rédacteur : Pénélope, sans doute Mr Mews regrette-t-il ses actes. Pourtant, je ne me sens pas à l'aise avec ce qui me semble être un exercice de chasse au bouc émissaire. Ne permettons pas que ceci continue.

À propos, estimée collègue, je déteste que l'atmosphère soit lourde sur le lieu de travail, et j'aime que les gens disent ce qu'ils ont sur le cœur. Malgré cela, j'espère que vous comprendrez que je me sois senti quelque peu mal à l'aise d'accueillir notre nouveau PDG dans la « salle du conseil » (joli nom pour un placard à balais qui sent l'urinoir), l'autre jour, quand vous êtes entrée pour lui donner sa tasse de décaféiné et l'avez plantée devant lui avec ces mots : « Et voilà, mon pote, rince-toi les amygdales » Les bonnes manières à l'ancienne ont leur raison d'être de temps en temps, vous savez !]

Si Waterloo est en Belgique, pourquoi son nom est-il constitué de deux mots anglais ?

Boris Cheesed, Wapping

On pense, en fait, que le nom de lieu « Waterloo » est d'origine néerlandaise, du mot « water », signifiant « eau » comme en anglais, et « lo », terme hollandais archaïque désignant une forêt. Mais depuis l'embarrassante défaite de l'armée française à

Waterloo en 1815, la signification du nom a subtilement changé. Il a perdu ses connotations de clairières feuillues et peut-être de doux ruisseau murmurant, tacheté par la lumière du soleil ; l'*American Heritage Dictionary* définit le nom « waterloo » comme désignant « une défaite définitive et écrasante » (pour les Français), tandis que les lexicographes d'Oxford formulent ainsi leur définition : « une défaite, ou un échec, décisif » (de la part des Français). Je peux enfin mettre les choses au clair, cependant : ces humiliantes connotations historiques n'ont pesé en rien sur la décision prise par notre gouvernement d'accueillir nos cousins gaulois, se rendant à Londres par Eurostar, à la gare de Waterloo. Néanmoins, le fait que cette destination a maintenant été modifiée pour devenir la gare St Pancras de King's Cross représente le summum de la poltronnerie politiquement correcte !

L' HONORABLE GILES SMELLING,
DÉPUTÉ CONSERVATEUR DE DOUVRES DE 1984 À 1997

Ah, Smelling, *mon pauvre idiot*. Il a fallu de nombreuses années de lobbying pour obtenir cette modification, et pour la première fois en quinze ans, nous autres Français pouvons arriver en Grande-Bretagne sans avoir ce que vous appelez, je crois, « le pouce dans le nez » [1]. Tout cela est du passé. Mais je suis ravi de profiter de l'occasion pour annoncer que, cette mesure prenant effet immédiatement, les trains de la ligne Eurostar n'arriveront plus à la gare du Nord à Paris, mais plutôt à la récemment rénovée *Retraite de Dunkerque internationale*.

JACQUES LECROUTON, MINISTÈRE DES TRANSPORTS, PARIS

---

1 L'Expression *to thumb one's nose* qui signifie « faire un pied de nez », est ici déformée en *thumb up the nose*, « le pouce dans le nez ». (Ndt)

Je crois qu'un bourg situé non loin de là, Breughlin, donna ce nom à la zone quand les rumeurs se répandirent de la célèbre moquerie de Wellington aux dépens de Napoléon. Bien que militaire de carrière et futur Premier ministre de Grande-Bretagne à deux reprises, Wellington avait un gros faible pour les pitreries et le « comique de bas étage » et, bien que n'ayant jamais rencontré l'empereur des Français, il se délectait des histoires qu'il entendait sur le « lutin maniaque », comme il l'appelait. Pendant les guerres révolutionnaires, après une soirée particulièrement exaltante avec ses colonels et plusieurs bouteilles de bordeaux, il gambadait à travers les salles du quartier général de l'Outre-mer, ricanant et criant avec un accent français délirant, souriant jusqu'aux oreilles, grognant, boitant et exécutant ce qui ressemble pour nous aujourd'hui à une approximation du ministère des Démarches ridicules des Monty Python, imitant brillamment un dément. Ses colonels trouvaient cela hilarant, et le matin de la grande bataille, il apporta sa très appréciée imitation sur le champ de manœuvres devant les troupes assemblées, améliorant énormément leur moral grâce au ridicule infligé au chef français, et surtout par sa raillerie en mauvais anglais affirmant (en se moquant de l'habitude française d'utiliser des toilettes au sable) aller « les inonder de waterloo [2] ! »

Un seul des généraux présents sur le champ de bataille, le général Thorndike – également connu sous le nom de lord Droughton, qui par la suite se fit remarquer à la chambre des lords en militant pour la reconnaissance des maladies sexuellement transmissibles –, se souvenait de l'occasion, en 1803, où Wellington, complètement bourré, était entré en

2 *Water* = eau, *loo* = toilettes, petit coin. (Ndt)

titubant à l'amirauté et avait involontairement révélé qu'il n'avait jamais été capable de faire la différence entre Napoléon et Nelson. Voyant celui qu'il prit pour l'empereur continental en train de boire le gin de la victoire au bar, Wellington lui livra les forces de la Grande-Bretagne et éclata en sanglots, se roulant en position fœtale. Il semble que Thorndike l'ait emmené et mis dans un fiacre à temps, avant que Nelson n'ait pu remarquer l'agitation qui s'était produite.

CECILY FLUKE, CRICKLEWOOD

Cher Bill Oddie,

Je ne peux pas m'arrêter, Bill – comme vous avec votre petit gilet pare-balles utilitaire, je suis toujours prête à tout, et ce matin Gerald m'a crié qu'il voulait « vraiment voir un peu de mouffette, pour changer » avant de sortir en trombe. Imaginez un peu, Bill : une mouffette ici à Brighton ! Oh, je suis si heureuse ; Gerald est si grincheux, d'habitude, à propos de mes observations de la nature, depuis que j'ai soigné ce blaireau enragé et boiteux dans nos toilettes attenantes. Je ne sais pas exactement où Gerald est parti voir les mouffettes, mais il passe tout son temps sur l'aire de repos A37 avec des amis de toute la ville, alors peut-être vais-je commencer par le chercher là-bas ? Quoi qu'il en soit, continuez votre excellent travail, Bill ; j'ai ma flasque de Baileys, mes jumelles et un vieil aiguillon électrique que j'ai trouvé dans le grenier, que Gerald a aménagé de façon bizarrement médiévale. Mouffettes, me voilà !

VALERIE PANAIS, BRIGHTON

Comment se fait-il qu'aujourd'hui encore, après des années de ridicule, on trouve tant de fautes d'orthographe dans le Guardian ?

Larry Blues, Hemel Hempstead

Égalité des chances. Le *Guardian* n'est pas seulement respectueux de l'environnement et des économiquement faibles du monde dans les articles qu'il publie, mais aussi dans les personnes qu'il embauche. J'avais toujours désespérément voulu être correctrice, mais ma dyslexie avait constitué un obstacle immuable, jusqu'à ma rencontre avec le merveilleux personnel du *Guardian*. J'y travaille maintenant depuis près de trente ans, et bien qu'il me faille trois fois plus de temps qu'à n'importe qui d'autre, et qu'une erreur se glisse à l'occasion dans les textes, ils se montrent très compréhensifs. J'adore vraiment ce travail, que je pensais ne jamais pouvoir faire – essayer de m'assurer que j'épelle correctement mon nom de famille, aux consonances presque grossières, représenterait un effort suffisant pour la plupart des dyslexiques !

BEVERLY CONNE, GLOUCESTERSHIRE

*[Note du rédacteur : Dieu merci, l'*Old Git *ne souffre pas de cette affliction ! Cette question me rappelle mes années de jeunesse au magazine* Total Carp. *Pénélope, mieux vaut envoyer une lettre à* Mrs Conne, *nous excusant pour cette erreur inhabituelle, et demandez à Barney de rédiger une correction. Si c'est bien son nom, je ne vois pas de quoi elle s'inquiète. Je ne connaissais pas ce terme : apparemment, il signifie vagin. Quelle histoire pour une chose si naturelle ! À propos, je ne peux pas dire que je sois satisfait du bruit qui sort du bureau du* Young Git. *C'est peut-être de la « musique », mais pour moi ça ressemble au cauchemar d'un malade atteint de congestion cérébrale.*

Et le rédacteur, ce type nommé Marc à la coupe de cheveux incompréhensible, m'apporte de ridicules réclamations prétendant que quelqu'un a « pissé dans leur lait ». Dieu seul sait ce que signifie cet euphémisme – j'essaie de me montrer compréhensif, mais je ne peux pas nier que je trouve cet homme peu franc, pour le moins, et généralement plutôt odieux. Oh, et à l'adresse de Consuela : oui, veuillez nettoyer la grande fenêtre de sa moisissure pratiquement pourvue de tentacules, et essayez d'éradiquer cette chose qui vit sous les dalles de sol. À chaque fois que je marche dessus, il y a un couinement et ça se glisse sous le bureau.]

Corrections & Clarfications

Nous souhaitons nous excuser pour la faute d'orthographe accidentelle qui s'est glissée dans le nom de Mrs Conne dans la lettre que nous venons de reproduire. Nous sommes bien sûr conscients qu'elle s'appelle, en fait, « Conne ». Notre erreur, comme notre service juridique nous a suggéré de le faire remarquer, n'était en aucune façon intentionnelle, pas plus qu'elle ne visait à ridiculiser son nom ni son infirmité linguistique.

Nous souhaitons également nous excuser pour tout éventuel malentendu engendré par une certaine phrase dans le dernier épisode des souvenirs du général Smythington-Smythe. Dans le récit de la semaine dernière, où il décrivait sa rencontre avec un général sud-africain au Hilton de Johannesburg en 1960, dans la phrase : « Je reconnus ce gros salaud raciste à la, haine aveugle écœurante qui luisait dans ses yeux et à l'aspect bouffi de son visage », la virgule aurait dû tomber après le mot "aveugle", et non après le "la", comme nous l'avons imprimé.

La description du poste d'un agent immobilier doit-elle nécessairement inclure le fait qu'il doit être un salaud bouffi de suffisance ?

Jenny Frusome, Moorgate

Légalement, il est interdit aux employeurs de stipuler que les candidats à n'importe quel poste adhèrent à un trait de personnalité spécifique. Pourtant, certains types humains sont naturellement portés vers certains postes, il est vrai. En conséquence, alors qu'une annonce pour un emploi d'agent immobilier ferait aussi bien d'être formulée ainsi : « Seuls les menteurs éhontés et les filous superficiels devront poser leur candidature », une autre pour un emploi à la télévision pourrait se lire : « Une merde désinvolte qui se croit trois fois plus intelligente qu'elle ne l'est serait idéale », ou une autre pour un poste d'enseignant (contrairement aux affiches actuelles montrant des professeurs souriants d'un air radieux, entourés d'élèves radieux) : « PUTAIN DE SALE GUEULE ».

CLEA LASSEY, ANCIEN AGENT IMMOBILIER, ANCIENNE DOCUMENTALISTE À LA TÉLÉVISION, ANCIENNE ENSEIGNANTE, HOVE

Dieu, comme je hais les agents immobiliers. Mais je me venge chaque semaine dans mon magasin de fournitures électriques ; si je découvre qu'un client qui flâne travaille dans l'immobilier, je ne lui donne que cinq minutes pour regarder la nouvelle télévision d'un seul côté (l'arrière), « j'oublie » le montant des éventuelles assurances cachées puis, quand il quitte le bâtiment, je lui reprends la télé de force, en prétendant qu'un nouvel acheteur vient de m'en offrir plus d'argent. C'est mesquin de ma part, je sais, mais je m'amuse comme une folle.

JANE CRAMB, LONDRES

Cher Bill Oddie,

Je voulais juste vous informer que ce matin, j'ai tiré les rideaux et aperçu un mouvement à travers les nouveaux bourgeons du magnifique bouleau argenté qui se trouve au bout de notre jardin. J'ai immédiatement foncé prendre mes jumelles, comme tout bon spectateur de *Springwatch* se doit de le faire. Dans le coin sombre à côté de l'abri de jardin de mon mari Gerald, où il y a un petit trou dans la clôture donnant sur le jardin de notre voisine Mrs Peacock, j'ai vu s'agiter le derrière nu d'un homme. Je pense qu'il pouvait s'agir de celui de Gerald. De plus, les jonquilles sont sorties. Le printemps est arrivé !

Toutes mes amitiés,

VALERIE PANAIS, BRIGHTON

Chère Mrs Panais,

Nous apprécions toutes les contributions de nos lecteurs, ici à l'*Old Git*, que nous considérons comme une publication familière et amicale. Je regrette de vous annoncer que nous avons trouvé votre dernière lettre impropre à la publication, mais je vous suggère d'envoyer ces messages à votre mari, ou à la police, ou à Bill Oddie encore, qui ne travaille pas ici. Pas encore. En attendant, je vous souhaite un joyeux Noël (peu importe que nous ne soyons qu'en mai !) et un jardinage productif, et me réjouis de recevoir d'autres lettres de votre part qui n'auront pas pour thème les supposés événements, aussi fascinants soient-ils, se produisant à Brighton.

Sincèrement vôtre, le nouveau rédacteur en chef

[Note du rédacteur : Pénélope, je ne puis nier que j'ai éprouvé une brève contrariété en voyant cette lettre imprimée dans la rubrique, à côté de celle que j'avais estimée « impropre à la publication ». C'est une façon comme une autre de communiquer avec Mrs Panais, je le reconnais (s'il s'agit bien de son vrai nom. Je n'ai connu qu'un homme portant un nom de légume, un certain Mr Rutabaga, et il a filé avec des chèques de voyage m'appartenant, pour un montant de près de vingt livres ; peut-être suis-je négativement influencé), mais je trouve qu'il serait plus gentil de lui écrire directement. Et une requête amicale : la prochaine fois que je laisse accidentellement ma braguette ouverte, dites-le moi. La réunion du conseil d'administration, ce matin, a été une expérience extrêmement humiliante. Ma première diapo au rétroprojecteur était une catastrophe – une énorme silhouette qui s'agitait de haut en bas a fait son apparition ; elle m'était familière, mais pas au reste des spectateurs, et a donné un malencontreux air freudien à mon analyse des hauts et des bas de nos revenus publicitaires. Veuillez essayer de faire plus attention, Pénélope.]

Pourquoi les gens disent-ils : « Il n'y a rien de pire que… » en décrivant des choses parfaitement inoffensives ?

Horace Mantivore, Brent Cross

Je me suis toujours posé la question – en fait, c'était une expression souvent employée par feue mon épouse. Dans le courant de la journée, elle pouvait dire : « Oh, il n'y a rien de pire que de se coincer le doigt dans un tiroir. » Ou : « Il n'y a rien de pire qu'une tasse de thé froide. » C'était au milieu des années 40, au début de notre mariage, alors que nous venions de nous installer à Cumberland et que de nouvelles révélations concernant les inimaginables horreurs de l'Holocauste apparaissaient dans chaque édition du journal. Elle conserva cette habitude pendant les années 50 et 60 où, afin d'éviter de lui faire des remarques sur son tic verbal (qui devenait légèrement irritant), je me mis à tenir un journal des usages qu'elle en faisait.

Pendant les deux semaines de la crise des missiles de Cuba, alors que le commun des mortels levait les yeux vers un ciel gris en s'attendant à le voir zébré par un orage dévastateur, je constatais qu'il n'y avait rien de pire à son avis que de découvrir qu'on était à court de papier toilette alors qu'on se trouvait sur les toilettes, que de trouver un fragment de coquille dans un œuf au plat, ou de laisser tomber un bouton qui roulait sous le canapé, juste hors de portée.

Ce journal remplit jusqu'à trois volumes. Le 11 septembre 2001, quarante minutes après l'annonce de l'événement, elle se plaignit qu'il « n'y avait rien de pire qu'une partie de tennis annulée ». Deux ans plus tard, moins d'une heure après qu'elle eut appris la mort de son frère bien-aimé Rodney, je l'entendis dans la chambre déclarer catégoriquement que rien ne pouvait être pire qu'un couvre-lit qui refusait de se laisser border. Puis, la semaine dernière, en prenant la carte que je lui offrais pour la Saint-Valentin, elle répéta le fameux mantra en référence à une chiure d'oiseau sur le pare-brise de notre Renault fraîchement lavée. Je ne sais pas exactement ce qui s'est passé. Je suis à peu près sûr d'avoir voulu connaître la réponse, mais après tout, comme le suggère mon avocat, peut-être ai-je été victime d'une crise de démence temporaire. J'ai pris le couteau à pain et l'ai enfoncé dans son cou et, tandis qu'elle s'effondrait sur le sol, je lui ai demandé, sincère et désespéré : « Est-ce que c'est pire que ça ? Hein ? »

Je n'aurais peut-être pas dû choisir son cou, parce qu'elle ne pouvait plus parler. Maintenant, je ne le saurai jamais.

LEOPOLD FURTHER, POSTE DE POLICE DE MAIDSTONE

Corrections & Clarfications

L'article du mois dernier sur l'alcoolisme des adolescents et leur promiscuité sexuelle n'était pas sensé porter le titre « Le pactole des beuveries et coucheries d'ados ». Le titre devait être le suivant : « Petits veinards, pourquoi ça ne se passait pas comme ça quand j'étais jeune. » Le titre accidentellement imprimé était un reste d'un autre article, que nous avons dû retirer pour des raisons juridiques.

Est-ce que quelqu'un a vu mon chat, Jasper ? C'est un gros chat blanc ébouriffé, et je ne l'ai pas vu depuis une semaine. Oh !

Mrs Dudge, Kettering

Mrs Dudge, préparez-vous au pire. Je crains que le chat n'ait été victime de « catnappers » qui essaieront de vous extorquer de l'argent. Mais endurcissez-vous à l'idée suivante : ces brutes sans cœur tuent presque toujours le chat, et ne le rendent pas. S'il s'avère que c'est le cas, veuillez appeler notre numéro d'assistance, ou consultez notre site Internet pour vous informer sur les groupes de soutien pour ceux qui ont vécu des tragédies similaires. Si le corps est récupéré, rappelez-vous que vous pouvez toujours l'empailler, et nous sommes en mesure de vous mettre en contact avec un excellent taxidermiste. Les résultats sont remarquablement vivants, et vous pouvez ignorer les rumeurs alarmistes prétendant que les chats sont toujours vivants quand on les découpe ; c'est très rare, et cela n'est arrivé à un de mes chats qu'une seule fois. Pauvre Mulligatawny, il était toujours si difficile à réveiller, ça n'a été qu'une question de temps avant que j'envisage le pire. Mais il a fière allure sur la vitrine à porcelaines, les griffes étalées et une féroce expression de défi animal sur le visage. Certains visiteurs pensent que c'est une expression de douleur atroce, mais je ne la perçois pas, personnellement.

PROFESSEUR JEFFREY SCOLE, PRÉSIDENT DE LA LIGUE
POUR LA PROTECTION DES CHATS

Nous avons laissé assez de temps aux cinglés pour se manifester, mais en fait c'est nous qui détenons Jasper. La photo jointe, le montrant sur une chaise longue en train de lire le journal d'aujourd'hui, en est la preuve. N'essayez pas de nous contacter. Nous vous communiquerons nos exigences dans cette rubrique.

ANONYME

[Note du rédacteur : QUELLE HORREUR ! *Faut-il que nous imprimions ça, Pénélope ? Je suppose qu'il serait irresponsable de ne pas le faire. Mais être impliqués dans une telle situation ! Cela me rappelle la fois où j'ai dû choisir entre garder mon ver de terre apprivoisé et aller à la pêche avec mon père, avec lequel ma thérapeute affirme que j'ai encore des problèmes complexes. (Mais il faut dire qu'elle n'est pas d'accord avec la façon dont j'emploie le mot « lequel ». Qu'est-ce qu'elle en sait ?*) Comme le goût de la truite que nous avions attrapée était exquis. Au four, avec du beurre et des amandes grillées, et servie avec des brocolis vapeur et des pommes de terre bouillies. Amer, amer, ce compromis moral. Et suivie d'une omelette norvégienne. BREF ! Nous devons malheureusement suivre cette histoire !]

Ne croyez pas Mrs Dudge. Nous habitons en face, au numéro 38, et elle s'est pavanée toute la semaine au Lidl avec un très joli chapeau neuf qui se trouve *justement* être gros, blanc et ébouriffé. Ne lui offrez pas votre sympathie, amis lecteurs !

SARAH BLAKE, KETTERING

Pourquoi les footballeurs parlent-ils de se donner à 110 pour cent ? Sont-ils incapables de compter ?

A. S. Byatt, Wolverhampton

Au contraire. En fait, les footballeurs qui s'expriment de cette façon parlent de simple économie. Avec l'avènement des agents sportifs, la plupart des joueurs sont aujourd'hui forcés de jouer au moins à 110 % – bien que 120 % deviennent plus courant – juste pour joindre les deux bouts. Et même le joueur le plus célèbre et le mieux payé peut avoir du mal à s'en sortir vers la fin de sa carrière, s'il a des ex-femmes à faire vivre et des pensions alimentaires à payer. La prochaine fois que vous voyez un joueur au bord du terrain, à la fin d'un match, déclarer qu'il a donné 140 % ou 150 %, n'ayez pas pitié de ses mauvaises aptitudes mathématiques. Il ne fait que passer les chiffres en revue dans sa tête, en espérant qu'ils s'accorderont.

JAMIE SNOOP, CROUCH END

Je dois dire qu'en tant que professeur de jeux, je demande avec acharnement que la Fédération prenne l'initiative de déclarer illégale cette expression ridicule. Ayant vu tous ses héros à *Match of the Day* « se donner à 110 % », l'un de mes pauvres élèves, Blenkinsop, a eu le tort de se donner à 143 % – ne laissant qu'une paire de chaussures de foot vides et fumantes, et une trace d'huile jaune, rappelant quelque peu la scène de combustion spontanée de *La Maison d'âpre-vent* de Dickens. Les sports compétitifs sont maintenant interdits au Haberdashers' College [1], et tout garçon surpris à donner plus de

1 Établissement secondaire situé dans le sud-est de Londres et spécialisé dans la musique. (Ndt)

90 % – même dans une inoffensive partie de dominos – est immédiatement lavé au jet et renvoyé chez lui sans déjeuner.

BRIAN TEMPLETON, SOUTH LONDON

Comment un nom tel que celui d'Horatio Hornblower [2] a-t-il pu passer la censure ?

Benet Donald, Istanbul

Ah ! Mr Donald ouvre involontairement une boîte de Pandore d'obscénités littéraires avec cette question ! C. S. Forester n'est pas le seul – d'autres écrivains se sont délectés de créer des noms obscènes depuis les débuts de la littérature. De fait, le procès pour obscénité de Lady Chatterley a marqué la triste fin de ce genre de farce littéraire sournoise. Les paroles adressées par Hamlet à Ophélie – « Croyez-vous que je voulais parler de foin ? [3] » – étaient positivement guindées comparées à celles de certains de ses successeurs.

La création de *Beatrix Potter Mrs Tiggywinkle* tire en fait son nom d'une méthode de masturbation particulièrement difficile à employer mais gratifiante, que son cousin lui avait apprise au milieu des rangées de choux derrière son domicile ; la *Mrs Dalloway* de Virginia Woolf est le nom d'une forme de plaisir féminin, du nom de la professeur de gymnastique qui le

2 Capitaine de vaisseau, héros d'une série de romans de C.S. Forester. (Ndt)
3 Hamlet, acte III, scène 2 : « Do you think I meant country matters? » contient un jeu de mots sur *cunt*, vagin. (Ndt)

propagea scandaleusement, populaire dans les internats de l'époque (cette technique a depuis été oubliée, mais consistait apparemment à faire le poirier et à caler les pieds derrière les oreilles) ; le singulier titre originel du *Seigneur des anneaux* comportait un double jeu de mots sur la babiole toute puissante de Sauron et la domination totale par Frodo de Samwise dans les ruelles sombres de la Comté (quant à Henry James, il s'est trahi avec sa création Fanny Assingham dans *La Coupe d'or*). Mais en ce qui concerne Horatio Hornblower (et avec quoi rime Horatio ? [1]), il s'agit d'un compromis trouvé après le rejet unanime par les éditeurs de la première liste de noms donnée par Forester : elle comprenait Shitkicker, Arselicker, Cocksnorter et Jeremy Clarkson.

H. H. UNSELF & D. DUMBLE, BROCKHAMPTON

Si l'on mange de la crotte, est-ce qu'on chie de la nourriture ?

John Wordsworth, Stoke Newington

Seigneur, non, vos excréments solides contiennent tout le contenu indigeste et toxique de votre nourriture que votre corps est capable d'éliminer. Ils sont donc chroniquement et dangereusement empoisonnés. Comme je l'ai découvert après un tour absolument pas drôle que m'a joué mon collègue « voyageur du temps » Karl Beerbohm, lors de la fête organisée

1 *Hornblower* peut se traduire par « sonneur de cor » mais aussi par « tailleur de pipes ». Horatio rime avec *fellatio*, fellation (Ndt)

au Département de physique pour célébrer mon quarantième anniversaire l'année dernière. Je ne peux même plus regarder de la mousse au chocolat.

DR JEREMY PETTING, UNIVERSITÉ DE BANGOR

Sûrement, puisque les cochons mangent leur propre crotte, et ils chient de la crotte, mais ils mangent de la crotte, ils doivent chier de la nourriture ? Et ensuite, ayant chié de la nourriture, ils mangent de la nourriture et chient de la crotte, mais mangent de la crotte et chient de la nourriture en même temps, dans un cycle sans fin ? Est-ce que quelqu'un d'autre a la tête qui tourne ?

MILO SVELIC, BRNO, RÉPUBLIQUE TCHÈQUE

[Note du rédacteur : Pénélope, surveillons d'un peu plus près les lettres que nous publions, d'accord ? Je ne puis m'empêcher de penser que ce qui précède est un peu au-dessous de la qualité attendue par notre lectorat (à moins que je ne le surestime ! Ah ah !). À propos, que pensez-vous de ces marchandises portant la marque du Young Git *que l'on ne cesse de nous donner ? Je trouve ces jeans flottants très inconfortables, et j'ai bien peur qu'ils ne laissent voir l'élastique des caleçons médicaux que je porte pour soutenir le bas de ma colonne vertébrale. Et ce « sac à disques » ne sert à rien – il m'irrite la clavicule et n'a pas du tout la bonne taille pour mes vieux 78 tours. Une appellation totalement impropre. Êtes-vous du même avis ?]*

Y a-t-il du vrai dans les innombrables récits parlant de bibles et d'étuis à cigarettes qui auraient arrêté des balles pendant la Première et la Seconde Guerre mondiale ? Les armes à feu sont-elles si faibles, ou ces articles si résistants ?

Billie Bew, Hoxton

Billie ne semble pas s'être rendu compte que les bibles sont spécifiquement testées en fonction de ce critère avant d'être imprimées. Pourquoi croyez-vous que le Livre saint existe en tant de tailles et de formats différents ? La liste est trop longue pour la reproduire intégralement mais, par exemple, la version en petits caractères de la Bible du roi Jacques peut arrêter une balle de calibre 22 ; la « Good News Bible » standard convient pour un 38 à canon court, et il existe une édition en coffret de cuir de la Bible de Gideons qui peut arrêter une cartouche de 44 Magnum. Vous vous demandez peut-être comment tout cela est connu – en fait, ces informations remontent à l'époque sans foi ni loi de la chasse aux prêtres au Mexique (décrite par Graham Greene dans *La Puissance et la gloire*), où les prêtres hors-la-loi pouvaient être abattus à vue. Par conséquent, ils apprirent rapidement quels éditeurs pouvaient leur fournir la publication offrant la meilleure protection.

J'ai étudié ce sujet pour un article que j'ai écrit dans *The Tablet* [1] il y a quelques années, et depuis, en ces temps de fanatisme et d'intolérance religieuse, j'ai toujours une bible illustrée pour enfant en gros caractères, serrée contre ma poitrine. Sauf quand je dis la messe le dimanche – et alors je porte un exemplaire du

1 Hebdomadaire de l'église catholique anglaise. (Ndt)

Nouveau Testament Collins de poche dans un holster de cheville –, sous ma soutane à ouverture rapide en Velcro.

PÈRE LOUIS DARRANT (EX-SAS [2]), MALDON, ESSEX

J'ai été intéressé d'apprendre comment ces célèbres clichés de la guerre – bibles arrêtant une balle et ainsi de suite – ne sont souvent qu'une version inversée de la réalité. Détail amusant, notre match de foot annuel, un jour de Noël, fut interrompu par quatre ans d'une opiniâtre guerre de tranchées entre les principales puissances industrielles de l'Europe. J'étais quelque peu furibard, pour être honnête ; je venais de me voir attribuer un penalty net et sans bavure, pour ensuite voir mon cheval tué sous moi par l'empire austro-hongrois. Tu parles d'un esprit de Noël, Mr le Boche !

SOLDAT BARNEY STOKES, BATAILLON DU PIDDLINGTON FC

Les fidèles parmi vos lecteurs pourront trouver cela dur à avaler (eh oui, bien sûr, les écritures forment une source d'inspiration et un pilier essentiel de toutes les religions du monde), mais en fait les gens, quelle que soit leur confession, n'ont toujours porté des exemplaires de leurs croyances, ou livres saints, que comme moyen pratique de défense (ou d'attaque). Pas les moines bouddhistes, cependant : du moment qu'ils ont compris leur religion, les moines doivent être en paix avec l'univers et heureux de savoir qu'ils n'ont pas besoin de repousser une attaque car ils renaîtront sous une autre forme – et s'ils ont la moindre chance, une forme qui permet de s'envoyer en l'air.

BRUCE T. BRAILLE, BRAINTREE

---

2 *Special Air Service*, forces spéciales de l'armée britannique. (Ndt)

Je me suis toujours demandé si les lecteurs de l'*Old Git* pouvaient répondre à la brillante question de Steve Wright : si un toast tombe toujours la face beurrée vers le bas, et si les chats atterrissent toujours sur leurs pattes, que se passe-t-il si l'on attache un toast beurré au dos d'un chat et qu'on le jette du haut d'un immeuble élevé ?

Eugene Mantickle, Golders Green

C'est une question intéressante, étudiée en profondeur par les départements de physique du monde entier dans un souci constant d'isoler la nature même du hasard ou de la chance, ou de prouver ou invalider son existence.

Mais j'ai de grands doutes concernant la personne qui pose cette question. Ce n'est pas l'inconfort infligé à l'animal en lui attachant un toast beurré sur le dos qui me parait contestable, ni l'humiliation qu'on lui ferait subir en le laissant tomber en public vêtu de ce costume alimentaire ridicule. Non, c'est la *hauteur* du bâtiment stipulée par Mr Mantickle qui me met mal à l'aise. Est-ce qu'une clôture de deux mètres de haut ne suffirait pas ? Même en ignorant votre horrible et manifeste cruauté envers les félins, choisir un parking à plusieurs étages, par exemple, pour votre expérience est certainement suspect en soi sur le plan scientifique. Il ne fait aucun doute que, si le bâtiment dépasse – disons – quatre ou cinq étages, d'autres facteurs entrent en considération : vents dominants et avions volant à basse altitude, pour n'en nommer que deux. Je parle d'expérience – une expérience amère –, et supplie Mr Mantickle de ne pas tenter cela chez lui !

PROFESSEUR JEFFREY SCOLE, PRÉSIDENT DE LA LIGUE POUR LA PROTECTION DES CHATS

Trop tard, j'ai pris conscience de la sagesse du conseil du professeur Scole avant qu'il n'ait eu le temps d'être imprimé. Mon obsession s'est accrue pendant toute ma vie, depuis l'idée de jeter une grenouille attachée à un croûton du pont qui enjambait l'étang quand j'étais enfant, jusqu'à la distraction éthylique de la semaine d'accueil des étudiants consistant à lancer un furet scotché à un croissant (beurré, ils étaient toujours beurrés) du pont routier de Hammersmith. Le chat au toast constituait la prochaine étape logique. Pauvre Mr Cuddles ! Il n'est plus maintenant qu'une tache hâtivement nettoyée sur le trottoir devant le bâtiment d'Unilever. Je le sais, à présent, j'ai besoin d'aide. Je vous en prie, que quelqu'un m'arrête, avant que je ne mette à exécution mon projet de chef-d'œuvre : un cheval sanglé à la plus grosse baguette de pain du monde, jeté de la terrasse panoramique de la tour Eiffel. *Sacrebleu !*

EUGENE MANTICKLE, GOLDERS GREEN

[Note du rédacteur : Pénélope, je dois vous avouer mon inquiétude à la lecture de cette lettre. Quand j'ai repris ce poste, j'espérais que notre lecteur moyen serait un peu comme mon beau-frère Barnabus : un monsieur tranquille et respectable qui s'attaquerait à la page du Sudoku satanique™ de l'Old Git *avant de s'attabler devant un déjeuner léger constitué de fromage et de biscuits. Mais considérez mes attentes comme nettement révisées à la baisse – je vois à présent que le*

lectorat ne doit pas être flatté et satisfait, mais craint et fui comme la peste. À propos, au morceau de résine posé à côté de votre tabac à rouler sur votre bureau, je vois que vous aussi jouez du violon. Rappelez-moi de vous prêter mes disques de Paganini.]

Cher Bill Oddie,

Comment allez-vous ? Qu'il est merveilleux de pouvoir partager les changements saisonniers avec vous et votre ravissant et gras visage. La sève monte, Bill, et le début de l'été approche, en un jaillissement fulgurant ! Les chats se déchaînent comme des sauvages au fond du jardin, et notre chien, Clarence – le plus ravissant des bichons frisés que vous ayez jamais vu, tout en courtes boucles blanches et en expressions de curiosité – serait prêt à baiser un pigeon ces derniers temps, il est tellement à cran. Si vous me passez l'expression, Bill !

Quoi d'autre ? Eh bien, Gerald rend bien moins souvent visite à notre voisine Mrs Peacock depuis l'incident avec l'aiguillon lors de l'observation des mouffettes, et je pense que nous sommes enfin sur la bonne piste, Bill. Je n'aurais pas pu en arriver là sans votre soutien, et vos oreilles amicales et velues. Je vous aime, Bill, mais je suis une femme mariée et Gerald fait vraiment des efforts pour soigner son apparence, essayant de regagner mon affection. Il s'est mis à porter un adorable ours en peluche dans la poche arrière de son blue-jean, et entretient une magnifique moustache broussailleuse assortie à celles de ses nouveaux amis, Émile et Maurice. Oh Bill, je suis si heureuse.

VALERIE PANAIS, BRIGHTON

Corrections & Clarfications

Nous aimerions nous excuser de tout cœur auprès des jeunes mariés au teint frais Mr et Mrs Matthew Cassie, qui ont remporté la compétition du mois dernier et gagné une "lune de miel dans une authentique maison d'hôtes parisienne d'époque" aux frais de l'*Old Git*. Nous ignorions totalement que l'époque non spécifiée de l'hôtel était en fait celle du XIVe siècle, alors que la capitale de l'amour était dévastée par la peste noire et que de féroces bandes de criminels écumaient les rues en quête d'une proie facile ; et nous espérons que Sarah et Matthew accepteront un coquet chèque-livre de 10 £ en dédommagement de l'épreuve subie
.

[Hé Molly, prenez note de ça, OK ? Merci, ma vieille. Mais ne le faites pas circuler hors du bureau du Young Git : « Hé les gars, ici le nouveau rédac' chef du Young Git, *mais vous pouvez m'appeler Marc avec un "c", OK ? Alors écoutez, je ne sais pas ce que ça signifie, mais depuis que nous avons emménagé dans le même couloir que l'*Old Git, *quelqu'un remplace ma boîte à sandwiches dans le frigo par un paquet de merde. Il y a juste marqué sur le paquet : « On ne veut pas de vous ici, espèce de jeune con. » Est-ce que quelqu'un sait qui l'a envoyé ? Vous comprenez, je suis un type raisonnable, et je serai ravi d'écouter si quelqu'un nous en veut, OK ? Paix, Marc. »]*

Est-ce que les girafes dorment debout ?

Randolph Trute, Lynchburg, Virginie

Que les girafes dorment debout est un vieux mythe éculé apparu pour la première fois dans le *De Incessu Animalium* d'Aristote, et enterré définitivement depuis des lustres, au XVIIe siècle, dans la magistrale *Pseudodoxia Epidemica* de sir Thomas Browne.

Browne concède qu'afin de dormir, la girafe doit nécessairement « *draper son immense cou sur un arbre voisin et lentement abaisser ses pattes jusqu'à toucher la terre* », avant de déployer le cou et de s'étendre, mais fait peu de cas de l'idée qu'il pourrait être impossible à la girafe de s'étendre. De nombreux mythes « à la tête grisonnante » sont, de manière similaire, écartés par le raisonnement sans faille de Browne : que les éléphants n'ont pas d'articulations, par exemple (« *Cette absurdité est secondée par une autre, qu'étant incapable de s'étendre, il dort contre un arbre , lequel, les chasseurs l'observant, ils scient presque entièrement ; sur quoi la bête s'y appuyant, par la chute de l'arbre, tombe également elle-même, et n'est plus capable de se relever* ».) ; mais certains faits viennent conforter le mythe : « *Que les éléphants craignent les souris est vrai, car ces dernières cherchent nécessairement des trous sombres, dont la découverte, comme il est compréhensible, doit certainement causer grande détresse et barrissements chez le propriétaire de ces trous* ». Un homme très en avance sur son temps.

DOCTEUR ROB BRITTAIN, INSTITUT D'ÉTUDES SUR LE SOMMEIL DES MAMMIFÈRES, BERWICK

Bien au contraire. En fait, les girafes dorment *la tête en bas,* creusant des trous avec leurs sabots pour y enfoncer la tête. On peut les voir, dans le petit matin africain, les quatre fers en l'air, tournés vers le ciel. En fait, le terme « rubbernecker » [1] provient des nombreux participants aux safaris qui paient des éclaireurs d'élite à prix d'or afin d'observer ce spectacle de près. Ils se prennent ensuite mutuellement en vidéo en train de pousser le corps des girafes d'avant en arrière de façon très comique, car les animaux rebondissent sur leurs muscles très résistants, et semblables au caoutchouc, de leur cou. Du moins, jusqu'à ce que les girafes se réveillent, ce qui arrive très rapidement, et elles peuvent être franchement furieuses ; on en a vu envoyer balader un touriste effronté jusqu'à trente mètres d'un coup de sabot. Mais ça donne des images intéressantes sur YouTube.

GARY FROUBING, RHODE ISLAND

Non. Bien que l'on croie couramment qu'elles dorment debout, cela n'est apparu dans le folklore que par le personnage de dessin animé « Jimmy Giraffe », qui tenait la vedette dans nombre des premiers épisodes de *Mortimer* (plus tard *Mickey*) Mouse, aux côtés d'autres, depuis disparus, tels que Clarabelle la vache et Horace Horsecollar. Dans ces dessins animés, Jimmy était représenté comme un type somnolent qui s'assoupissait fréquemment lorsqu'il gardait des arbres couverts de noix de coco que Mortimer cherchait désespérément à se procurer pour plaire à sa petite amie, Mabel Mouse.

Un épisode typique se passait à peu près comme suit : après avoir incité Jimmy à s'endormir (avec une potion achetée à un

1 *Rubbernecker* : touriste ou curieux en argot américain ; *rubber* = caoutchouc, *neck* = cou. (Ndt)

apothicaire excentrique, ayant l'apparence d'un supposé Bugs Bunny, ou en exécutant une danse du ventre hypnotique déguisé en belle girafe femelle), Mortimer se débarrassait de lui en lui fourrant des bâtons de dynamite dans le derrière, ou en lui sciant les pattes de sorte qu'il mourait d'une hémorragie. Puis il grimpait au cou de la girafe morte, récupérait les noix de coco et retournait voir Mabel, qui lui souriait, tandis que de petits cœurs rouges montaient de ses yeux comme des bulles. Puis le dessin animé passait sans transition à la vue d'un train entrant dans un tunnel, et se terminait.

Avec le succès généralisé d'animations plus « amicales », ces violents spectacles animés furent étouffés, mais Disney continua de les commander jusqu'à sa mort pour son amusement secret. Aujourd'hui uniquement projetés lors de soirées très privées à Hollywood, ils ont inspiré les personnages d'Itchy et Scratchy dans *Les Simpson*. Des films « d'étalons » étaient inclus dans le répertoire, le chef-d'œuvre de ce sous-genre étant à ce qu'on dit un film étonnamment profond, presque fellinien, expliquant la relation freudienne entre Elmer Fudd et Bugs Bunny, et pourquoi le chasseur décharge son arme dans le terrier du lapin, tandis que Bugs joue éternellement à se faire désirer. Les rumeurs selon lesquelles l'idée vint à Disney, pendant les heures passées à chasser dans les bois près de sa demeure californienne, sont résolument démenties par sa famille.

ANDERSON PETERSON IV, SANTA MONICA

[Note du rédacteur : Pénélope, vous vous rappelez cette vieille enveloppe froissée que je vous demandais de retourner à l'envoyeur ? Eh bien, elle nous a été retournée « inconnu à l'adresse indiquée » ! Et plus étrange encore, la lettre qu'elle contient est différente ! J'en ai la chair de poule. Lisez vous-même...]

Très chère H,

Désolée de ne pas avoir écrit depuis si longtemps. Mais il s'est passé tant de choses ! Honey Tree Cottage est heureux et serein, et ses trois habitants plus absorbés que jamais par la nouvelle vie que nous avons découverte. Jeremy se montre brillamment productif. Il a réalisé une sculpture avec un peu de foin qu'il appelle « troufignon de Glastonbury » et a l'intention d'exposer comme ready-made un soc de charrue fracassé par des adolescents du coin, comme les canettes de cidre. Il va l'intituler « Sourire insincère de Jack Lemmon », je crois, ou « Lee Van Cleef mâchonnant un fouet ». Je ne fais pas vraiment attention à ses titres, pour être honnête. Il est complètement obsédé par la reconstruction d'une petite machine qu'il a trouvée dans le plus vieux de nos bâtiments (dont les fondations pourraient remonter au Moyen Âge), mais ne veut rien me dire à son propos.

Petunia, elle aussi, est en excellente forme. Elle passe des journées entières près du ruisseau avec l'ami imaginaire qu'elle s'est fait, et même si je m'inquiète parfois à l'idée qu'elle croie un peu trop sérieusement à cet ami, je sais que ce n'est qu'une passade.

Mais venons-en à la raison principale de ma lettre – ces journaux que j'ai découverts. Le vieil homme qui vivait ici autrefois était sans aucun doute un drôle de type ! Dans les passages où il prend la petite fille sous sa protection, il semble beaucoup plus agité et perturbé. Il semble que la fille soit tombée malade et ait fini par mourir, à moins qu'elle ne soit tombée dans le ruisseau et s'y soit noyée, je n'arrive pas à le déterminer, après quoi il s'est senti hanté par elle. Il passait des heures à étudier les archives sur l'histoire locale et des parchemins démoniaques qu'il avait dénichés dans un monastère en Italie, dont il est convaincu qu'ils détiennent la clé qui lui permettra de se libérer de sa malédiction. Je dois dire que c'est plus palpitant qu'un thriller, surtout quand je crois l'apercevoir brièvement – il s'appelle Daniel Dorey – dans les miroirs, ou que je vois son ombre, tard le soir, dans la pièce d'à côté. (Quelle idiote !)

Je t'écrirai bientôt ! Une fois de plus, ton affectionnée

Clarissa

Quel est le contraire de "contraire"?

Minty Chong, Bradford

Attendez – ce n'est pas très juste. Je n'ai toujours pas découvert si la réponse à votre question « Votre réponse à cette question sera-t-elle non ? » est « oui » ou « non ». Ou si je chie de la nourriture après avoir mangé de la crotte ? Le contraire de contraire est... « oui » ? Ou peut-être « le même ». Ou « différent », peut-être ? Attendez. Oh, *szclaput*.

MILO SVELIC, BRNO, RÉPUBLIQUE TCHÈQUE

Pourquoi les Américains appellent-ils "hot-dogs" les saucisses dans un petit pain ? N'est-ce pas un nom peu engageant ?

Roderick Black, Transylvanie

Hot-dog – j'ai toujours entendu dire que ce nom était en rapport avec le baron de la presse millionnaire William Randolph Hearst. Il avait coutume de se rendre partout avec un minuscule teckel, Mr Pippin, qu'il habillait d'un manteau de fourrure d'hermine, ce qui lui donnait l'apparence d'une énorme saucisse de Francfort dans un petit pain. Ce chien figura dans les pages « société » du *New York Times* tous les jours pendant un mois dans les années trente, étouffant lentement de chaleur dans un coin de quelque bar totalement perdu ; mais les New-Yorkais se prirent d'affection pour lui, et les « hot-dogs » en l'honneur de Mr Pippin devinrent le canapé le plus en vogue bien avant de parvenir au coin des rues de la ville.

LUCY PESSELL, LONDRES

Je m'étonne que cette question soit même posée – il est bien connu que des charrettes servant des saucisses bon marché sortant d'une forme de beignet rudimentaire (plus tard remplacé par des petits pains bon marché) défilaient dans les taudis de la Nouvelle-Amsterdam dans les années 1650. Elles étaient invariablement tirées par des chiens attachés à de longues laisses, qui haletaient et suaient sous l'effort. Tout comme la sirène sinistre d'un Mr Whippy [1], la vue d'un basset haletant et harnaché signalait l'apparition dans le voisinage d'un marchand de saucisses (souvent à cinq ou dix mètres derrière lui – les chiens étaient dirigés à l'aide de fouets cruellement longs) et le premier enfant qui l'apercevait criait « hot-dog ! », et était récompensé par un nappage spécial sur son sandwich, un délicieux condiment fabriqué à partir d'une purée de museaux de « chiens saucisses » équarris.

MARK SEARLE, TUMBLEWATER HILL

Je n'avais jamais entendu raconter ce qui précède, mais rien de tout cela n'est vrai. En fait, l'expression est due au FBI naissant de J. Edgar Hoover en 1935, qui employait des tas de systèmes de messages secrets. Parmi eux, le Lapin bleu (les messages étant dissimulés dans les emballages de jouets d'enfants), le Canard silencieux (ils étaient cachés dans les plats chinois à emporter) et le Chien chaud (des messages fixés au collier d'épagneuls spécialement dressés). Ce serait un ex-agent du FBI mécontent qui aurait divulgué ce nom aux marchands de saucisses chaudes.

BRYCE SWATCHKOPF, BROOKLYN

Qu'il est fascinant de lire les fantaisistes précédents, qui ont tous l'air de croire à ce qu'ils racontent. En réalité, Hot Dog était le nom de la troisième bombe atomique qui devait être lancée sur le Japon, après Little Boy (Hiroshima) et Fat Man (Nagasaki). Les États-Unis menaçaient de lancer le raid sur Osaka, et n'étaient

1 Camionnette d'une marque britannique de crèmes glacées. (Ndt)

qu'à quelques heures de le déclencher quand l'empereur Hirohito annonça sa reddition.

BRENT SPOMASTER, BLUE SKY, WYOMING

[Note du rédacteur : Pénélope, je ne pourrai pas supporter une autre réponse à cette question ! Je croyais que notre rubrique était censée contribuer à fournir de vraies réponses aux questions, et pourtant tout ce que nous semblons faire est de brouiller les pistes avec mille théories différentes ! Est-ce que cela s'est toujours passé ainsi ? À propos, je crois que ce sont des traces d'escargots, vous savez, sur le mur du fond. Et si mon exemplaire de Wildlife Britain *ne se trompe pas, les marques de dents sur la stalagmite « portemanteau » sont celles d'une loutre. Rédigez une note, je vous prie, à l'adresse du personnel du* Young Git*, leur demandant d'être plus vigilants lorsqu'ils apportent de la vermine dans le bureau. Et attaquons-nous ensuite au coin reculé du bureau, où cette horrible plante a été autorisée à proliférer. Dieu seul sait quels crimes elle dissimule – je suis sûr qu'il y a encore quelques sièges de bureau utilisables sous la canopée.]*

Combien y a-t-il de façons de dépecer un chat ?

Mortimer Doley, Drakesburg, Wyoming

142.

DAVID EKELLING, NEUBERG, MISSOURI

167.

AHAB MCSPICE, ILES DE PÂQUES, DISTRIBUÉ PAR NAVIRE POSTAL TRIMESTRIEL

192. Comment quelqu'un peut-il vivre sur plusieurs "îles" – il ne peut y en avoir qu'une ?

JEROME P. PEROME, MONKSTOWN, IRLANDE

Faute de frappe, désolé.

AHAB MCSPICE, ILE DE PÂQUES, DISTRIBUÉ PAR NAVIRE POSTAL TRIMESTRIEL

Mon copain Baldwin tente de battre le nouveau record de Jerome depuis six mois. Il est déterminé, et maintient dans la terreur toute une communauté d'amoureux des chats. Sa caravane est inhabitée et il mène une vie sauvage de hors-la-loi, se nourrissant de restes et de souris, attrape les minous avec des rideaux déchirés imbibés d'herbe à chats, et tend leurs peaux en travers de l'entrée de la caverne qu'il a creusée dans la fosse à ordures locale. Je l'ai vu faire – que quelqu'un l'arrête !

HARRY BUTE OSWESTER, TRUTH OR CONSEQUENCES [1], NOUVEAU-MEXIQUE

193.

BALDWIN MAKEPEACE THURSGOOD, TRUTH OR CONSEQUENCES, NOUVEAU-MEXIQUE

Nous nous inquiétons beaucoup de voir cette question susciter une grande haine contre les chats dans toutes sortes de régions.

1 Ville thermale du Nouveau-Mexique rebaptisée en 1950 pour être la première à accueillir l'émission de radio du même nom, « Vérité ou conséquences ». (Ndt)

Le dépeçage de chats domestiques a généralement cessé à la fin du XVIIIe siècle, mais a continué en secret, la fourrure de chat vendue comme celle d'animaux plus rares tels que l'hermine, le vison, la zibeline et (occasionnellement) le renard. Mais c'est la *nature* de la question qui nous trouble. La méthode traditionnelle pour dépecer un chat (procéder à une incision circulaire autour de la truffe du chat, puis décoller le reste d'un coup sec vers l'arrière) a été récemment concurrencée par une nouvelle procédure venue du Turkménistan. Elle consistait à découper en cercle autour du ventre du chat, puis à tirer d'un coup sec dans les deux directions. Et pourtant, dans *Cat Quarterly*, j'ai découvert une autre innovation barbare dans le domaine de la taxidermie, originaire de Malaisie : ils procèdent d'abord à une incision autour de l'anus du chat, et tirent toute la peau « vers le haut » à partir de là, le fourreur plaquant le chat au sol en passant le doigt à l'intérieur du trou du cul. Parfois, ils tuent même le chat avant. Je fournis ces détails pour montrer ce qui se fait tout le temps autour de nous. Je vous en prie, aidez-nous à faire cesser cette folie des chats.

PROFESSEUR JEFFREY SCOLE, PRÉSIDENT DE LA LIGUE
POUR LA PROTECTION DES CHATS

194.

BALDWIN MAKEPEACE THURSGOOD, TRUTH OR CONSEQUENCES,
NOUVEAU-MEXIQUE

Cher monsieur, ayant toujours aimé la nature, mais n'y connaissant pratiquement rien, j'ai récemment acheté un exemplaire de votre livre intitulé *Les fourmis ont-elles un trou du cul ? et 101 autres questions délicieusement ridicules*. Je m'attendais à de nombreux faits intéressants concernant d'adorables animaux ; vous pouvez donc imaginer mon horreur en découvrant qu'il s'agissait d'un dégoûtant conglomérat de dépravation et de stupidité écrit par une bande de crétins dérangés. Pas du tout comme les autres livres comportant « trou du cul » dans leur titre que je possède, qui sont tous, sans exception, intéressants et utiles. Pouvons-nous compter sur des excuses publiques, et un retrait de l'ouvrage ?

LANCE FRIBBER, BASINGSTOKE

Cher Mr Fribber (êtes-vous parent des Friiber de Salisbury, par hasard ? Je pourrais avoir fréquenté Eton avec votre cousin Sandy ! Nous l'appelions « Trop grosse bite » – comme j'aimerais redevenir un gamin de quatorze ans sexuellement aventureux !) Hélas, les exigences du processus d'édition d'un livre rendent impossible le retrait du premier volume de cette collection. Et je ne peux pas m'excuser publiquement, comprenez-vous, du fait que ces « crétins » (comme vous les appelez, bien qu'entre nous ce soit un euphémisme) constituent notre fidèle lectorat. Et donc, aussi contrit que je sois, et alarmé comme je continue de l'être par les réponses à notre page de courrier, vous devrez vous contenter de cette lettre.

Avec mes sincères regrets,

Le rédacteur en chef du magazine *Old Git*

[Note du rédacteur : Pénélope, veuillez taper et envoyer ce qui précède. Bien entendu, Fribber résume exactement mon propre point de vue, mais je ne peux pas lui donner raison par écrit : nous devons persévérer avec ces timbrés. À propos, j'ai remarqué que vous aviez fait un effort particulier dans votre tenue vestimentaire ces derniers temps, et il est

regrettable que la visite du lord Maire pour sa séance photo soit tombée un vendredi, jour de tenue décontractée. L'heure que nous avons dû passer à mettre sous clef tout l'alcool et les photos obscènes appartenant à mon prédécesseur a déjà été éprouvante. Alors quand je vous ai demandé d'échanger votre t-shirt « Je ne suis pas aussi pensez que vous le bourrée », par une photo de vous avec lui, si j'avais su que vous enfileriez un t-shirt « Je suis avec ce connard », je ne l'aurais jamais fait. J'aimerais vraiment que vous soyez plus sensible à la politique (du bureau et d'ailleurs), parfois. Oh, et j'ai téléphoné à la coop pour leur demander pourquoi nous n'avions pas reçu de lait cette semaine et apparemment Barry (c'était comme ça qu'il s'appelait ?) a été ASSASSINÉ, quelle horreur, et la police n'a aucune idée de pourquoi, ni de qui a fait le coup. J'ai bu du thé noir toute la journée en guise d'hommage...]

Y a-t-il un rapport entre les expressions téléphoniques "Give someone a ring" et "Being engaged" ? [2]

Lawrence Dogwat, Manchester

Ah ah ! Mais je me suis toujours demandé quel rapport il pouvait y avoir entre le lieu que l'on appelle Liver*pool* et une personne y habitant qui est un Liver*puddl*ian [3] ! Existe-t-il quelque délicate explication historico-biographique impliquant d'une façon ou d'une autre la crotte/la violence envers les

2 Jeu de mots totalement intraduisible : *give a ring* = téléphoner mais aussi, littéralement, donner une bague ; *engaged* = occupé, mais aussi fiancé. (Ndt)

3 Jeu de mots sur *pool* : mare et *puddle* : flaque. (Ndt)

animaux/la déviance sexuelle et grâce à laquelle quelqu'un pourrait nous éclairer ?

SAMUEL FERN, EDENBRIDGE

Pour moi, appeler à la maison et entendre la tonalité « occupé » a toujours signifié que mon sac à merde infidèle et sexuellement incompétent de mari, Leonard, est en train de parler à l'une de ses abruties de pétasses adolescentes anorexiques. « Occupé » signifie « occupé à trahir lâchement » ; « donner une bague » signifie « donner une camelote en plastique de chez Accessorize pour essayer d'inciter la barmaid de Wetherspoons à coucher avec lui ». Mais peut-être n'est-ce que ma façon personnelle de réagir.

DEBORAH MEWS, SLOUGH

Oh Deborah, je sais exactement ce que vous voulez dire. Il y a deux nuits à peine, j'ai entendu parler de tensions à la frontière de la bande de Gaza. Je me suis dit : voilà *exactement* le genre de choses que ce salaud de Leonard laisse toujours arriver, c'est typique, je ne serais pas étonnée qu'il les laisse dégénérer en guerre générale. Le lendemain matin, devinez quoi – trois mille soldats israéliens envahissent le territoire ! Deborah, vous avez ma sympathie et celle de toutes les autres épouses meurtries du pays. Je ne sais pas comment vous avez pu le supporter si longtemps.

LESLEY BANGULOE, KETTERING

[Note du rédacteur : Pénélope, une fois encore je ne suis pas tout à fait à l'aise de voir nos lectrices rendre ce Mr Mew responsable de n'importe quoi. Ça sent l'intimidation. Veuillez ne plus imprimer les lettres de Mrs Mews. Et À PROPOS, avez-vous parlé à cet impertinent et méprisable Marc, hier ? Il a déboulé dans mon bureau,

plus impudent que jamais, portant sur sa moitié inférieure un extraordinaire vêtement qui était soit un short d'une longueur absurde, soit un pantalon ridiculement court, mais hideux dans les deux cas, et m'a expliqué que le Young Git *n'est pas une publication sœur mais un remplacement de la nôtre ! J'ai été horrifié lorsqu'il m'a expliqué que nous allions « fermer boutique » et qu'il apprécierait que les « actes de sabotage mesquins » cessent. Je n'ai pas compris de quoi il voulait parler, mais apparemment ils ont eu plusieurs démissions dues à des messages haineux, à leur mobilier de bureau qu'on venait scier pendant la nuit et à de fausses annonces placées dans les revues d'affaires, lançant un appel pour des* « petites merdes londoniennes suçeuses de bites typiques et travaillant dans les médias ». *Comme dirait ma petite-fille :* RIEN À CIRER. *C'est son problème. Oh, une dernière chose, avez-vous entendu ces terribles coups de marteau dans le bureau de l'étage au-dessous, hier ? Descendez et demandez-leur de la mettre en veilleuse, voulez-vous ? Je vous en serais très reconnaissant.]*

Est-ce que l'alunissage de 1969 s'est réellement produit ?

Roger Kensall, Argyll

La réponse de Rupy Belmullet, dans un précédent numéro de l'*Old Git*, considère comme acquis qu'Apollo 11 a atteint la Lune. En fait, de nombreuses personnes ont souligné les anomalies photographiques de l'alunissage de 69 : les images d'un drapeau américain flottant fièrement dans la brise (impossible dans le vide) ; le fait qu'une empreinte de pas ne se marquerait pas dans la poussière lunaire pratiquement dénuée de poids ; et le cliché de Neil Armstrong sirotant un Martini assis, jambes pendantes, sur une Terre de la taille d'un ballon de plage, tandis que Buzz Aldrin montre sa « lune » aux citoyens du monde entier qui les observent. Je ne pourrais parler de l'aspect technique, mais cette dernière image peut être écartée tout de suite ; elle a presque certainement été prise à Noël 1969 lors de la grande fête du bureau de Houston – sauterie annuelle légendaire où les astronautes endurcis pouvaient se détendre des exercices sans fin pratiqués les autres 360 et quelques jours de l'année. La planche-contact complète des photos de la fête de 69 et elle vaut son pesant d'or. Sur l'une d'elles, un Michael Collins hilare tient une boule d'Edam à côté de la Lune, singeant une expression déconcertée, tandis que le contrôleur d'Apollo Ed Finch tient deux fromages identiques comme des « seins » sur son tee-shirt ; sur une autre, Armstrong surprend Aldrin en lui plaquant une tarte à la crème sur la figure et (selon un enregistrement audio récemment découvert) adresse un discours au monde entier : « C'est un petit pas pour l'homme, c'est la dernière résistance de custard [1]... Vous me rendez, vous me rendez... les Martinis... Je vous aime tous, mais je ne me sens pas bien. Je ne voulais pas aller sur la Lune, mais donnez-moi une nuit avec Raquel Welch et je vous ferai un développé couché à cette vieille Séléné. Contrôle, vous m'entendez ? Je suis le roi de ce putain de monde. » Il faut noter qu'aucun des astronautes, sur tous ces clichés, ne porte quoi que ce soit d'autre qu'un tee-shirt sur lequel est inscrit « Mon copain Neil

1 Jeu de mot sur "custard" (custard pie = tarte à la crème) et "custer". (Ndt)

est allé sur la Lune et tout ce qu'il a ramené, c'était ce tee-shirt minable ».

RANDY MCFADDEN, FLORIDE

Quand on fabrique du papier bulle en usine, dans quoi l'emballe-t-on ?

Gav Dundee, Holy Island

Quelle charmante question, « Gav » (est-ce que ça se prononce « gave » ? Très original.) Cela paraît bizarre aujourd'hui, mais quand il a été inventé dans les années 70 par les transporteurs d'art du Louvre à Paris, le papier bulle était l'un des matériaux les plus coûteux au gramme de la planète, au quatrième rang derrière le diamant, le plutonium de qualité militaire et le vin blanc Blue Nun. À l'époque, il était considéré comme un miracle technologique susceptible d'être utilisé pour transporter, par exemple, un chef-d'œuvre de Van Gogh, mais largement au-dessus des moyens de la plupart des gens normaux. Aussi paradoxal que cela puisse paraître, le meilleur moyen de transporter le papier bulle entre les galeries d'art était donc de le placer dans des coupes à fruits en cristal taillé. Comme pour les casques de cycliste modernes, qui sont conçus pour se briser à l'impact (sauvant par là-même la tête molle et spongieuse du cycliste), les bols volaient en éclats, laissant le papier bulle pratiquement intact.

CLAUDIA RAINIER, GALERIE ASQUITH, LEWES

Pour compléter la réponse de Claudia : le papier bulle, bien sûr, fut le sujet choisi par la toute première lauréate du prix Turner [1], en 1987. Le *Papier bulle emballé* d'Elisa Carston – « L'espace enveloppé dans l'espace, enveloppé dans l'espace ; une métaphore pour la protection intangible d'un Dieu mort depuis longtemps », selon l'interprétation d'un critique – a depuis longtemps été proclamé chef-d'œuvre conceptuel, successeur naturel de la boîte de « merde d'artiste » de Piero Manzoni et influence majeure de *l'Œuvre n° 79, pâte Blu-tack pétrie, roulée en boule et écrasée contre un mur* de Martin Creed (1993) [2] – largement applaudie comme l'un des plus grands exploits du design depuis la construction de la cathédrale Saint-Pierre de Rome, ou la cathédrale de Chartres en France.

GEORGINA MORLEY, LONDRES

Contribuerais-je à réduire le réchauffement planétaire si je laissais la porte de mon frigo ouverte ?

Mr Plum, Plumstead

[Note du rédacteur : Je le répète, Pénélope, j'aime la tournure d'esprit de ce Plum. Veuillez commander une centaine de glaces à l'eau chez

1 Prix décerné chaque année à un artiste contemporain, organisé par la Tate Britain depuis 1984. (Ndt)

2 Martin Creed a remporté le prix Turner en 2001, mais avec une autre œuvre. (Ndt)

Antonio, le glacier local, et dites au personnel d'entretien de se promener avec. J'aimerais voir ces jeunes cons se plaindre alors de notre empreinte carbone.]

J'ai été déconcerté par la lettre de Mr Plum. Je pense qu'il doit s'agir de « l'avertissement planétaire », et non du « réchauffement planétaire ». Est-ce que quelqu'un sait de quoi on essaie de nous avertir ? Les mots sont déroutants. J'ai acheté le dernier livre de l'*Old Git* et ce n'était que des mots, des mots et encore des mots. Veuillez ne pas publier ma lettre, j'en ai même assez de voir les mots que je suis en train d'écrire. Et ceux-ci. Arrêtez ça.

ENVELOPPE SANS NOM

Quelle absurdité. Les grotesques torchons gauchistes se sont mis dans la tête que le monde est « menacé » par notre développement industriel avancé. Sans doute aimeraient-ils tous que nous vivions dans des huttes à toit de chaume et que nous chiions dans les rivières. Personne ne semble avoir remarqué que tout ce tintouin tire son origine d'un divertissement hollywoodien soi-disant inoffensif appelé *Le Jour d'après* ayant pour vedette Al Gore (qui a l'air tellement plus détendu depuis qu'il a rompu avec Meg Ryan). Dans ce film, une apocalypse absurde est infligée aux métropoles de la planète parce que quelques individus affairés utilisent occasionnellement du fromage fondu en tranche, ou des couches-culottes jetables. Un peu de bon sens serait nécessaire, je crois ! Et quant à l'interdiction de fumer, ne me demand

BORD DE LA LETTRE CALCINÉ ; TRANSMIS COMME LE SEUL DOCUMENT SUBSISTANT DE L'INCENDIE QUI A CONSUMÉ QUINZE LOGEMENTS DE RETRAITÉS À WESTON-SUPER-MARE LA SEMAINE DERNIÈRE, TUANT 65 PERSONNES.

N'écoutez pas un mot de la lettre qui précède ! La planète a de graves ennuis, mes amis – fermez ce frigo, éteignez complètement cette télé ! Lors de mes récents voyages, j'ai vu des choses aussi terrifiantes que des ours polaires barbotant dans la baie de New York, des Inuits portant tongs et bermudas, et des districts du Mexique employant des gondoles en guise de taxis ! Cette menace est réelle et empire chaque jour. N'attendez pas que les eaux viennent lécher votre porte.

IN. COGNITO, MEXIQUE

[Encore moi, Penny ! Ne tapez aucune des postfaces aux missives de mon fringant nom de guerre, je n'ai pas besoin de vous le dire. La véritable identité d'In. Cognito doit rester – vous savez bien, quel est le mot juste ?

Quoi qu'il en soit, la réponse qui précède est authentique, vous savez. Le pôle Nord n'est plus qu'à une marche de cinq kilomètres du bord d'une calotte glaciaire de plus en plus mince, comme je l'ai découvert avec terreur. Après avoir planté un Union Jack auquel était accroché un pendentif orné de pierres précieuses montrant la reine Victoria dans sa jeunesse, comme vous le pensez bien –, je me suis dirigé vers le sud à bord d'un baleinier japonais. Des gens CHARMANTS, mais j'ai découvert que cette énorme quantité de riz avait ses ramifications. Mon côlon a ressemblé à un ballon d'enfant pendant trois semaines vous savez, du genre qui fait dix mètres de long et qu'on tord en forme de caniche. Bref, il s'est avéré que les marins japonais utilisaient des exemplaires de notre vénérable magazine pour essuyer le mécanisme de rembobinage de leur harpon. C'est en rapport avec le papier d'une porosité unique que nous employons – vous devez féliciter Chris Gibson à la production (est-ce qu'il dirige toujours le service depuis son bain de siège, pipe d'opium à la main ?) pour nous avoir obtenu des abonnements de toute la flotte baleinière de la Norvège et du Japon.

En lisant ledit magazine, je dois dire – ce nouveau rédacteur en chef ! Est-il à la hauteur ? Il m'a l'air d'une femmelette coincée. Cette histoire de Young Git *– pourquoi ne se bat-il pas bec et ongles ? Si vous avez le moindre sens des vraies valeurs, Penny, vous savez ce qui vous reste à faire – devenir un agent double. Gagnez leur amitié, et détruisez leur activité de l'intérieur, mais comme je vous connais assez bien, vous l'auriez fait depuis le début ! Oh, comme j'aspire à retrouver ce fauteuil, mes pieds sans chaussettes ébouriffant les sourcils de ce tigre que j'ai estourbi avec une bassinoire au Bengale ! Pour vous tenir au courant de mes voyages, en traversant la mer des Caraïbes, la baleinière s'est heurtée aux critiques de types ennuyeux de Greenpeace. (Vraiment dommage – je me débrouillais si bien avec le jeu vidéo auquel le capitaine Miyazaki me faisait jouer sur sa console, où vous deviez abattre les formes en mouvement en décochant des flèches. Ça m'a rappelé la XBox de mon petit-fils Freddy, spécialement achetée pour pouvoir jouer avec. Cadeau inconséquent pour un enfant aveugle, peut-être.) J'ai nagé jusqu'au rivage et escaladé une montagne pour trouver une tribu tout à fait fascinante de sauvages d'Amérique centrale, pas encore détruite – ni découverte, apparemment, bien que l'un d'entre eux ait eu un grille-pain plutôt tape-à-l'œil – par la civilisation occidentale. Quelque chose dans mon apparence leur a paru royal, responsabilité contre laquelle je n'avais pas d'objection, et j'écris ceci depuis un trône d'or au sommet d'un temple de pierre. Je suis nourri six fois par jour et vénéré avec la même régularité. Tout ça est extrêmement amusant – ils interprètent même de petits spectacles, et font semblant de me sacrifier de jeunes hommes d'une façon remarquablement convaincante. L'un des serviteurs les plus révérencieux, un gars nommé Armal, a promis de me faire sortir d'ici quand j'en aurai assez de tout ça, mais pour le moment c'est comme passer d'excellentes vacances. Et puis il y a les vierges, que je… eh bien, je… enfin…]*

Est-ce que la curiosité a vraiment tué le chat ? [1]

Chantal Christmas, Penguinstown, Nouvelle-Écosse

La curiosité a, cela va sans dire, tué bon nombre de chats au fil des ans. Lorsque je travaillais comme régisseur de plateau sur *Animal Hospital* avec Rolf Harris, j'ai été témoin de quelques tristes scènes – la puanteur et la saleté terribles qui nous accueillaient chaque matin sur le plateau me donnaient des haut-le-cœur – mais nous réussissions toujours à faire nettoyer Rolf à temps pour tourner l'émission. La diversité des accidents subis par les chats était proprement stupéfiante. Un pauvre minou affamé dont le propriétaire habitait Portsmouth avait chassé une délicieuse souris jusque dans une grande bombonne de verre à vinifier, qui dévala la colline depuis la poubelle à recycler et tomba dans la Manche. Heureusement, avant qu'elle n'ait le temps de couler, un enfant du quartier la repêcha, pensant qu'il s'agissait d'un message enfermé dans une bouteille. L'enfant subit un grand choc ; mais les médecins, de nos jours, sont capables de faire des merveilles avec un nez défiguré. Un autre chat de la première série se retrouva au milieu des fêtes de Hogmanay à Édimbourg, et passa une soirée à se faire presser sous le bras d'un Écossais avant que ce dernier ne réalise son erreur. Je ne sais pas dans quelle partie du chat il essaya de souffler, mais Rolf fut particulièrement contrarié par cet incident… C'était le bon temps !

SAMANTHA JAMES, SURREY QUAYS

1 *Curiosity killed the cat*, équivalent anglais de "La curiosité est un vilain défaut". (Ndt)

Cher monsieur, je suis un fidèle abonné de l'*Old Git* depuis de nombreuses années. J'apprécie le style détaché des reportages et des commentaires, trouve la page des bandes dessinées délicieuse (surtout Tarby l'éléphant empoté ! Cessera-t-il un jour de perdre ses clés ? Quel empoté !) et suis devenu accro à l'hilarant racisme voyageur du général Smythington-Smythe – mes enfants l'adorent, eux aussi. Mais c'était jusqu'à ce que je me sente contraint d'écrire plusieurs fois, récemment, à propos de réponses dans cette rubrique qui pourraient techniquement être qualifiées de « haineuses envers les chats ». Peiné par ces dernières, j'ai renoncé à mon abonnement jusqu'à ce qu'un ami me montre la lettre qui précède, et je dois me réabonner en endossant un nouveau rôle : celui d'observateur de chats.

Je comprends que cette prolifération de la littérature sur la violence antiféline n'est sans doute pas due à une politique éditoriale, et, à la rigueur, pourrait constituer une scandaleuse coïncidence, mais en vérité, tant de vos correspondants écrivent au journal avec des histoires tournant autour des sévices infligés aux chats, que je crains que votre publication ne soit tombée sur la population même que nous autres, membres de la Ligue pour la protection des chats, tentons d'éradiquer depuis toutes ces années : les antichats.

Prenez la précédente lettre de Samantha : était-il besoin d'entrer dans tant de détails ? Non ! mais pire – bien pire, et infiniment accablant – quand j'ai jeté le magazine après l'avoir lu, il a atterri près de Mrs Cadwallader, une siamoise nerveuse. Elle a instinctivement craché dessus – la haine des chats en émanait comme un gaz toxique – et s'est enfuie par la chatière sur la route, où un camion lancé à pleine vitesse a freiné trop tard, se mettant en portefeuille et renversant sa cargaison de déchets chimiques sur le refuge pour chats que nous avions réussi à faire construire à côté de nos bureaux après vingt ans de pétitions. Tous les chats ont péri à l'exception d'un seul – un rusé survivant nommé « Uncle », qui boîte maintenant de *deux* pattes, et une lueur encore plus mauvaise scintille dans son unique œil valide. Il est assis sur mes genoux et j'essuie mes larmes sur sa fourrure en écrivant ces mots. Arrêtez-les ! Je vous en supplie, arrêtez la haine des chats !

PROFESSEUR JEFFREY SCOLE, PRÉSIDENT DE LA LIGUE
POUR LA PROTECTION DES CHATS

[Note du rédacteur : Grande divinité panreligieuse, Pénélope ! Que ne suscitons-nous pas. Envoyez des fleurs, voulez-vous, au professeur Scole, et une note lui présentant nos excuses les plus abjectes, si abjectes signifie bien ce que je pense. Ce qui est amusant, c'est que j'ai utilisé ce drôle de chiffon laissé par l'ancien rédacteur pour lustrer mes chaussures, jusqu'au moment où j'ai remarqué qu'il n'avait pas seulement une queue, mais un collier avec une clochette ! Pauvre Mopsy. Et puis (pourquoi n'êtes-vous jamais à votre bureau ? J'ai l'impression de ne rien faire d'autre que vous laisser des notes) quelle horreur[1] *pour les types d'en bas. Je ne les connaissais pas, mais quand même – est-ce que la police sait si c'est arrivé pendant que nous étions au bureau ? Comme c'est affreux… j'ai entendu les deux policiers qui discutaient à la porte dire : « Ils étaient trois… dans la baignoire avec une scie à métaux. » J'ai toujours voulu passer par-dessus ces bandes portant l'inscription «* ZONE SÉCURISÉE : NE PAS FRANCHIR *», mais maintenant que je dois le faire chaque matin, mon sang se fige. Dans un autre registre : trois nouvelles offensives de ce sale type, Marc, du Young Git : il propose de remplacer Tarby, l'éléphant empoté, par une bande dessinée sur un « ours polaire camé » ou une connerie de ce genre ; il veut que la rubrique du général Smythington-Smythe soit remplacée par un recueil de réflexions de quelque chose qui s'appelle un*

1 En français dans le texte. (Ndt)

analyste en reconnaissance de marques (ça paraît intéressant, remarquez – ils ont réussi à fabriquer une machine capable de parler et d'écrire ?) ; et il ne pense pas que nous ayons besoin d'un correspondant à l'opéra ! Imaginez si Olivietta l'apprenait. C'est là que cette grosse dame se mettrait vraiment à chanter. Le petit philistin hypocrite et mesquin ! Je m'y opposerai jusqu'au bout !]

Corrections & Clarfications

Dans la « Note du rédacteur » du mois dernier, qui n'aurait pas dû être publiée de toute façon, soit dit entre parenthèses, le rédacteur n'avait pas l'intention de qualifier le rédacteur du Young Git de « sale type ». Cependant, il désire que le mot qu'il avait en réalité l'intention d'employer ne se retrouve à aucun prix imprimé dans le magazine.

Dans le même numéro : dans la rubrique des souvenirs du général Smythington-Smythe, lorsqu'il fumait de l'opium à l'ombre du sphinx, de nombreux lecteurs se sont plaints de la phrase suivante : « L'esclave nubienne, qui nous servit des brochettes de viande de chat une fois la divine rêverie passée, exécuta une danse expressive et d'un érotisme extravagant, et je me procurai ses faveurs pour cinquante livres égyptiennes. » À la place de « nubienne », il fallait bien sûr lire « nubile ».

Est-ce que la monnaie en chocolat que l'on vous donne à Noël a jamais eu cours ?

Billy Braithwaite, âgé de 10 ans, Godalming

Tout à fait, Billy. Pendant la grande dépression de 29, le « vrai » argent était très difficile à trouver, mais une surproduction de monnaie et de bonbons en chocolat en 1928 entraîna une surabondance de cette denrée, qui a pu nourrir de nombreuses familles coincées dans la région du Dust Bowl sans travail ni perspectives d'avenir. Évidemment, les gangsters de Boston, Chicago et New York ne tardèrent pas à repérer la richesse de ce nouveau marché et une foule de nouveaux antihéros virent le jour : le vorace braqueur de banques Sam « Baby Cakes » Snicker (à qui nous devons le nom de cette marque de chocolat aujourd'hui célèbre) ; Bugsy Truffle, avec sa grosse tête joufflue et ses bars clandestins à fontaine de chocolat dans le quartier de Queens, à New York ; et Fats Slim, surtout célèbre pour ses raids mensuels, « à régime instable », sur la banque de chocolat de Main Street, dans l'Ohio, et les purges qui s'ensuivaient dans un centre d'amaigrissement isolé. Ces trois hommes laissèrent un sillage de violence et de papier d'aluminium dans tous les États-Unis, et entrèrent en se dandinant au panthéon des criminels. Bien entendu, la faillite du sucre en 1930 mit fin à tout cela – et les trois hommes finirent en prison, redevables de centaines de milliers de dollars en impôts.

LASHAUNTEA ISHMAEL ALLAJOWAN, STOKE-ON-TRENT

Je ne sais pas si c'est légal ou pas, mais je paie l'argent de poche de mon fils Wayne en pièces de chocolat depuis maintenant plusieurs mois, pour lui apprendre la vraie valeur de l'argent. L'expérience avait pris un mauvais départ quand il a mangé 47,50 £ de pennies en chocolat qu'il avait trouvés dans le tiroir de la cuisine, mais depuis lors, il économise sérieusement, et le médecin dit qu'il retrouvera bientôt sa couleur normale.

DAVID SPOKES, COVENTRY

Corrections & Clarfications

Le mois dernier, nous avons publié un article sur l'ancien footballeur saoudien devenu chef de cuisine au Caire, Hgalib mu-Bhafan m'sahash'Bupha. Il nous a téléphoné pour indiquer que notre reporter s'était trompé et qu'il avait, en fait, été pilote d'hélicoptère au Caire et non chef de cuisine. Nous aimerions présenter nos excuses à Mr mu-Bhafan m'sahash'Buhpa pour cette erreur, et pour le fait que nous avons presque certainement mal orthographié son nom quelque part. Il n'est probablement pas très correct de dire cela, mais nous lui suggérons humblement de ne plus nous téléphoner pour nous donner l'orthographe correcte, car la ligne depuis l'Égypte grésillait terriblement et cela entraînerait certainement de nouvelles excuses de ce type.

Qui fut la première personne à tomber de vélo ?

Mandy P P P P P P P P saloperie de clavier Spillane

J'ignore le nom de la première personne à tomber d'un vélo, mais je peux vous dire qu'elle était aveugle. L'idée de fixer deux roues sur un cadre et de placer une selle au-dessus vint pour la première fois à un pasteur rural anglais, le docteur Archibald Seaburst, à la fin des années 1650 comme moyen de transporter sa sœur aveugle et obèse. Ces engins ne tardèrent pas à devenir populaires, et l'on pouvait voir dans toute la campagne des aveugles que l'on emmenait à l'église, ou en ville, juchés dessus. Mais lorsqu'il vint à l'attention du parlement d'Oliver Cromwell qu'il y avait un énorme nombre de morts dues à leur emploi, une enquête expliqua la cause de leur popularité. Dans une Angleterre privée de théâtre, de jeu et de toute forme de vice sous la direction puritaine de Cromwell, des groupes de jeunes gens trouvaient des aveugles auxquels ils faisaient dévaler des collines sur ces engins pour se distraire. La configuration typique était la colline d'un village avec une mare au pied, voisine d'un mur. Les garçons envoyaient ces pauvres gens dégringoler la pente, et se mettaient à parier sur le fait qu'ils atteindraient la mare, tomberaient de vélo ou s'écraseraient contre le mur. Souvent, ils organisaient des courses de deux aveugles ou plus. Sans ce sport cruel, le poète aveugle John Milton n'aurait peut-être jamais écrit si férocement et immédiatement à propos de la disgrâce de Satan. Mais le puritanisme l'emporta, et les bicyclettes furent immédiatement interdites. Il fallut cinquante ans avant que quelqu'un ait l'idée de les ressusciter pour les voyants.

BOB SMART, STUTTERFIELD

Y a-t-il des règles ou des directives concernant le nom des chevaux de course ?

Paolo Egremont, Leicester

Il est interdit de donner à un cheval de course le nom d'un juron, d'une société à la marque déposée ou d'un membre de la famille royale danoise (en raison d'une curieuse sous-clause dans un traité commercial datant de 1821). En dehors de ça, tout est bon. La mode actuelle des noms idiots est devenue, ces dernières années, la bête noire de l'industrie hippique. Elle commença lorsque le très respecté entraîneur James Gallaway fit une dépression en 2001 et se mit à rebaptiser ses chevaux en leur donnant les noms des créatures qui, dans son imagination, essayaient de descendre par sa cheminée pour, comme il le dit lui-même dans une lettre spontanée au *Times*, « apaiser les mauvais esprits et les empêcher de grignoter mes fesses poilues ». Il les fit courir sous leurs nouveaux noms (deux d'entre eux étaient « Ragoût » et « Chatouilleur baveux ») sous les yeux horrifiés de leurs propriétaires. Ce qui ne tarda pas à devenir un engouement, surtout quand le tristement célèbre excentrique (et alcoolique) sir Henry Rawlins-Sunshine acheta les écuries et tous les chevaux de Percy Blister, basé dans le Kent, qui avait fait faillite. Rawlins-Sunshine prit un malin plaisir à donner à ses chevaux des noms stupides ou humiliants tels que « Chef Mangosuthu Buthelezi », « Conspiration sioniste » et « Je hais les chevaux ». La mode se répandit jusqu'au moment où, vers le milieu de la saison des courses de plat en 2004, les commentaires de John McCririck se mirent à ressembler à une sorte de poésie dadaïste, et à être transcrits et publiés sur Internet par des étudiants du Goldsmiths College comme exemples de ready-made.

JOSEPH CANDISCAPE, ST ALBANS

En corollaire à la question précédente, existe-t-il des règles concernant les photos affichées dans les vitrines des restaurants bon marché (fast-food et pubs de bas étage) exigeant qu'elles ressemblent à la nourriture servie ?

Harrison Spender, Ashby-de-la-Zouch

Il s'agit d'une mode qui a vu le jour au Japon, où, aujourd'hui encore, l'une des charmantes curiosités du tourisme local consiste à afficher des maquettes extrêmement complexes représentant les plats en devanture des très nombreux restaurants des rues. Comme nos photos de hamburgers appétissants et de brochettes surchargées, elles sont souvent plus tentantes que la nourriture elle-même. La principale différence est qu'elles sont en plastique. La vogue européenne des photos de plats d'une séduction presque louche nous vient d'Amsterdam, après que la cheville ouvrière du porno, Laurens Van Horten, fit l'expérience d'une conversion – telle celle de saint Paul sur le chemin de Damas – quand l'énorme camion bourré de revues pornographiques qu'il conduisait se renversa et tomba d'un pont, et que, lui, survécut.

Il se convertit au catholicisme en examinant l'épave au bord de la route, et s'éloigna, laissant soixante-dix mille exemplaires du magazine *Plus de 80 vieilles traînées la bouche pleine*, au grand dégoût des résidents d'Eindhoven (et à la profonde déception des adolescents locaux, dont les rêves, à leurs yeux, avaient failli se réaliser).

Par la suite, il transféra son esthétique criarde, aux éclairages violents, dans la photographie alimentaire, où il s'est avéré tout aussi prospère. Ses studios crasseux dans le centre de la zone rouge d'Amsterdam sont devenus une ruche bourdonnant d'activité, et une destination pour les amateurs de nourriture du monde entier. En dehors de ses présentations génériques de pizzas bon marché et de poulet frit (un système d'usine qu'il supervisa néanmoins méticuleusement, ce qui aurait entraîné une relation amoureuse avec le hamburger star qu'il engagea pour un énorme contrat de mille photos, en lui versant des honoraires alors exorbitants), il a réalisé des illustrations de grande classe sur papier glacé pour tous les grands chefs célèbres. Les ragots abondent dans le milieu gastronomique concernant ses techniques pour obtenir le bon aspect, depuis l'emploi de peinture brillante à la place de la crème, jusqu'à la construction d'énormes bols de soupe de dix mètres pour donner « une profondeur de vision épique » au bouillon à la viande de Jamie's. Quoi qu'il en soit, il ne fait aucun doute qu'il a donné naissance à ce que nous connaissons aujourd'hui comme la « pornographie alimentaire ».

ALVIN HOLE, EXMOUTH

Corrections & Clarfications

Nous souhaitons nous excuser sans réserve pour la correction erronée du mois dernier, dans laquelle nous avions incorrectement orthographié le nom de l'éminent ancien pilote d'hélicoptère saoudien, ancien footballeur égyptien devenu éleveur de chèvres congolais Hgalib mu-Bhafan m'sahash'Bhupa. Nous sommes également désolés que sa réclamation d'origine n'ait même pas concerné l'orthographe de son nom, et que nos tentatives pour la rectifier aient résulté en cette nouvelle note d'excuses, et aussi que notre mauvaise orthographe persistante du nom de Mr mu-Bhafan m'sahash'Bupah l'ait conduit à la conclusion que nous nous payions délibérément sa tête.

Qu'est-ce exactement que le vestiaire de Davy Jones[1] ?

Anna Carmichael, London

On pense souvent que « Davy Jones », rendu célèbre par l'expression « le vestiaire de Davy Jones », était le contorsionniste et ascète bien connu Dai Llewellyn Jones, qui se fit un nom dans les théâtres, les fosses aux ours illicites et les repaires secrets de combats de coqs des Lowlands écossais à la fin du XVIIIe siècle. Il

1 Expression de marins désignant le fond de la mer. (Ndt)

était réputé pour la facilité, proche de celle de Houdini, avec laquelle il disloquait ses membres sans douleur et s'introduisait, ou s'extrayait, d'espaces exigus. Homme d'une maigreur terrifiante à la barbe rousse hérissée et portant sur l'œsophage une tache de naissance en forme de botte de l'Italie, il était naturellement timide et, ayant grandi dans une boutique de menuisier, trouvait plus confortable de dormir plié (plutôt que pelotonné) dans un tiroir de commode. Son numéro, extrêmement populaire, exigeait que son assistant Fortescue (une fripouille syphilitique grotesquement maquillée en ménestrel souriant) ouvre et ferme les tiroirs d'une grande commode tandis que Jones apparaissait ou disparaissait de façon apparemment impossible – sa tête fendue d'un large sourire émergeant du tiroir du bas, et son pied gauche de celui du haut. Ce numéro rendit son nom célèbre, même s'il ne fut jamais considéré comme propre à une arène plus vaste que celle des miteux cinémas locaux, et leur rémunération (que Fortescue et lui partageaient à parts égales) ne dépassa jamais la brève pluie de menue monnaie lancée par la foule attendant que l'ours appâté entre en scène.

À l'âge de quarante ans à peine, ses articulations fatiguées par l'effort et commençant à subir les effets de la syphilis qu'il avait peut-être contractée à cause de Fortescue, à présent mort (aucun des deux ne se maria jamais), la piste des apparitions de Jones dans la presse se perd dans la région de Dundee. Il s'était mis à exécuter des numéros bon marché et très inconfortables pour lesquels il recevait une maigre rémunération – se faisant prendre dans la glace pendant trois jours, pendu par les tétons au pont de l'estuaire de la Forth – jusqu'au jour où, désespéré, il annonça qu'il serait publiquement enchaîné dans un vestiaire et jeté dans la baie. Par un glacial jour d'hiver, une foule peu nombreuse s'assembla pour assister à l'événement, et quand la boîte heurta l'eau, celle-ci laissa entendre de faibles hourras.

Quand les bulles cessèrent et qu'une demi-heure se fut écoulée, le vent coupant de la mer du Nord se mit à souffler et ses espoirs d'un spectacle s'évanouissant, le groupe se dispersa.

James Boswell traversa la ville une semaine plus tard et entendit cette histoire d'un buveur solitaire rencontré par hasard au coin d'une taverne. S'enquérant, horrifié, de pourquoi personne n'avait essayé de sauver le contorsionniste voué à la mort, il écrit que le buveur le regarda fixement, cligna des paupières, lui donna un coup de poing en plein visage, et retourna à sa pinte de whisky.

GWEN MCDONALD, KIRKCUDBRIGHT

Jusqu'où les comédiens formés par l'Actor's Studio sont-ils censés aller pour étudier leur rôle ? S'ils jouent le rôle d'un meurtrier, doivent-ils tuer quelqu'un ?

Kathy Tarkle, Lewisham

Vous ouvrez une BOÎTE DE PANDORE avec cette question, Kathy, une véritable boîte de Pandore. Parce qu'il est bien connu dans le milieu du cinéma que c'est exactement ce qu'un certain acteur ayant récemment remporté l'Oscar du meilleur acteur – appelons-le, euh, Daniel Night-Lewis – a fait. La longue interruption qui fit suite à sa déception au box-office, et auprès des critiques, avec *The Boxer* n'était pas due, comme son équipe publicitaire l'a prétendu, au fait qu'il avait pris sa retraite. Bien au contraire. Ce fut la période la plus active de sa carrière, travaillant sur plusieurs projets qui ne décollèrent pas. D'abord, il y eut un fiasco avec l'adaptation par le légendaire réalisateur de *La Balade sauvage*, en l'occurrence Terrence Malick, du roman de William Golding, *Les Héritiers*, qui décrit des humains simiesques essayant de survivre à l'aube des temps. À la seconde où il en entendit parler, Night-Lewis jeta le téléphone à terre, se débarrassa de ses vêtements et courut vivre à l'état sauvage dans les collines surplombant Mulholland Drive. Il survécut remarquablement bien, mais mangea finalement un champignon vénéneux et hallucinogène, et des marcheurs le découvrirent par hasard, faisant le poirier et prétendant être le cinq de trèfle.

Ensuite, Michael Mann apparut au chevet du lit d'hôpital de Night-Lewis pour lui offrir le rôle d'un personnage réel, le maître voleur d'art français Raymond Le Mesutier. Le lendemain matin, l'infirmière, en entrant dans la chambre, trouva le lit de Night-Lewis vide, et la fenêtre ouverte. Il n'y avait aucun signe indiquant comment il avait descendu la façade lisse de l'immeuble de trente étages, sinon l'absence d'une boîte de trombones et une blouse d'hôpital dont une manche avait été déchirée.

La police ne tarda pas à réaliser la magnitude de ce qui avait été lâché sur un univers artistique sans méfiance, et l'une des plus grandes chasses à l'homme de l'histoire commença. Il fut finalement appréhendé par Interpol dans un hélicoptère, alors qu'il descendait le long d'une glissière improvisée sur le toit du Louvre. Dans sa poche arrière se trouvait une copie des plans du bâtiment, avec une ligne pointillée menant à *la Joconde*.

Mais le pire était à venir. Alors même que les incidents précédents étaient largement connus à Hollywood – même s'ils avaient été efficacement passés sous silence dans les médias –, Quentin Tarantino se mit dans la tête que Night-Lewis serait parfait pour le rôle principal dans une biographie romancée du justicier blond psychotique Kramer Blatt, un vétéran du Vietnam qui s'était déchaîné contre les barons de la drogue colombiens, meurtriers de sa fille. Tarantino l'avait déclaré au magazine *Empire* en 1997 : « Ça serait TELLEMENT COOL de travailler avec ce type ! Je mouillerais mon pantalon d'excitation à chaque putain de minute, vu que ça serait TELLEMENT COOL, tu vois ? » Tarantino, qui a étudié à Harvard et à Oxford, avait écrit un scénario rendant hommage aux films de justiciers des années 70 tels que *L'Inspecteur Harry* et *Un justicier dans la ville*, et en envoya un exemplaire à Night-Lewis.

Le massacre de plus de quatre cents magnats de la drogue, de leurs hommes de mains, de leurs domestiques et de leurs familles et amis – comme il était, reconnut tristement Tarantino, stipulé dans son script –, rencontra l'admiration hésitante du ministre de l'Intérieur colombien. « Sans doute admit-il, le trafic de cocaïne a-t-il été atteint par ces actions. Mais la télévision colombienne ne passera pas *My Left Foot* avant un bon moment. »

HARVEY WINEGARDEN, SACRAMENTO

Corrections & Clarfications

Malheureusement, nos excuses du mois dernier au célèbre ancien pilote d'hélicoptère saoudien, ancien éleveur d'animaux au Caire devenu artiste transformiste à New York, Hgalib al-Bhafan m'sahasg 'Baphu, a provoqué un afflux de nouvelles réclamations. De Mr al-Bhafan m'sahash'Bupha lui-même, pour avoir à nouveau mal orthographié son nom (ce que nous avons corrigé de notre mieux ici, même si nous n'avons pas grand espoir de réussir) et du propriétaire du nom que nous avons employé – un certain Mr mu-Bafhan m'sahash'Bupha, qui est en fait un peintre mural d'origine sénégalaise devenu prêtre musulman.

Nous nous excusons pour tout désagrément causé à l'un ou l'autre de ces messieurs, et en particulier à Mr mu-Bhafan m'sahash 'Bupha, pour ne pas l'avoir pris au sérieux les quatre premières fois où il a téléphoné. Nous espérons que la caisse de Veuve Clicquot que nous avons expédiée à sa mosquée réparera l'insulte.

Comment se fait-il qu'à chaque première d'un grand spectacle du West End, un journaliste rédige toujours une critique contenant exactement le type de citation (généralement un calembour) que les producteurs de spectacle souhaiteraient utiliser pour leur publicité ? Ai-je raison de détecter des dessous de table ?

Isaac Twemlow, Édimbourg

Voilà une idée terriblement cynique ! En tant que producteur couronné de succès de comédies musicales telles que *Fungus the Bogeyman* et *Eureka!* – le grand spectacle comique inspiré de la vie d'Archimède –, j'aimerais faire remarquer qu'Isaac ne réalise probablement pas que l'écriture, les répétitions, les costumes et les décors d'une importante comédie musicale du West End peuvent coûter aussi cher qu'un film hollywoodien. Par conséquent, quand la première arrive, envoyer des limousines avec chauffeur pour les critiques et leur servir du champagne dans le foyer ne représente qu'une minuscule dépense. Il est tout naturel que nous les invitions en coulisses pour rencontrer les artistes les plus talentueux et les plus beaux. Et il est inévitable qu'avec le temps, des amitiés se nouent, et que je sois en mesure de leur fournir des cadeaux personnels amicaux pour les aider, qu'il s'agisse d'une quinzaine dans mon hôtel particulier aux Bahamas, ou d'une compagne rémunérée qui leur rende visite à domicile et les aide à combler le douloureux gouffre de culpabilité et de solitude qui envahit leurs âmes. Après ça, s'ils choisissent de faire une bonne critique, c'est à eux de voir.

TINY VENABLES, FRITH STREET, LONDRES

Mon ami très cher, l'acteur Charles Paris, était affligé d'une personnalité ayant sur les critiques l'effet exactement contraire. Bien qu'excellent interprète du répertoire et solide acteur (sans parler du fait que c'était un gars tout ce qu'il y a d'honnête et un loyal supporteur du whisky Bell's), il y avait chez lui quelque chose qui excitait la colère de pratiquement tous les critiques l'ayant vu en action. Alors qu'il jouait le mari de Hedda Gabler à l'Old Vic de Bristol en 1983, un critique déclara : « L'intense tragédie du chef-d'œuvre d'Ibsen fut décuplée pour le spectateur que je suis par ma profonde sympathie envers la détresse qu'elle devait éprouver d'être mariée à un tel raseur, et par le désir qu'elle le tue plutôt. » Son Falstaff dans *Henry IV première partie* au théâtre Guildford Yves Arnaud fut décrit comme suit : « Je n'ai jamais été moins convaincu de la jovialité d'une canaille. Je n'ai jamais été moins persuadé par l'aptitude d'un charmeur malicieux à entraîner les autres dans des situations délicates. Je n'ai jamais été plus convaincu de voir un personnage totalement et intégralement bourré. »

Mais le pire se produisit lorsque Paris fit un très bref passage sur Channel Five dans le rôle titre d'une série rivale du *Poirot* d'ITV, qui vit le jour suite à une dispute concernant les droits de plusieurs des nouvelles mettant en scène ce détective. De l'épisode pilote (qui ne connut jamais de suite), la critique de télévision Nancy Banks-Smith affirma : « J'ai regardé tout l'épisode dans un état serein et irréel. Quand il s'est terminé, j'ai débranché ma télé, l'ai montée à l'étage, ai rempli ma baignoire et l'ai jetée dedans. »

WARNOCK BELVEDERE, TANGER

Les producteurs de spectacles du West End devraient s'estimer heureux que les critiques (on le présume) assistent déjà à leurs spectacles ! Pendant vingt-cinq ans, l'*Old Git* a eu le malheur d'entretenir un critique littéraire qui refusait fermement de lire les livres qui atterrissaient sur son bureau, et ne les analysait que d'après leur couverture. Ce paresseux, arrogant et malheureux Ernald Broadhurst, se vit confier cet emploi par le rédacteur en chef sortant, Herbert Longleat Christhorn

Murledew, qui lui fit signer un contrat à vie depuis son lit de mort en 1965.

Sa fâcheuse tendance à s'appuyer sur des critiques qu'il avait lues ailleurs (et pas très attentivement) ne tarda pas à devenir évidente. Il supposait à tort que la « frénésie sexuelle » de *Portnoy et son complexe* [1] n'était pas d'une nature hétérosexuelle, et le rejeta comme étant « un vil déversement de la société tumescente de sodomites rassemblés dans la Gomorrhe de Manhattan ». Malgré des centaines de lettres de protestation, les responsables éditoriaux étaient impuissants à renvoyer cet excentrique. Avec les années, son alcoolisme empira et ses critiques ne se portaient pas mieux. Il accueillit la publication de *Cent Ans de solitude* par ces mots : « Sans doute le livre le plus ennuyeux jamais écrit. Il est stupéfiant que cette histoire de centenaire ayant vécu dix décennies sans rencontrer une seule âme ait été publiée, et encore moins traduite. Elle n'a rien pour la racheter. » À la fin de ses jours, il devint la coqueluche des lecteurs, qui achetaient l'*Old Git* pour voir sur quoi il allait encore se tromper. Hélas, son alcoolisme gagnant du terrain, il finit par soumettre des textes à peine intelligibles et ne protesta plus lorsqu'ils étaient rejetés. Il eut cependant son chant du cygne, au ravissement de ses fans, lorsqu'il rédigea un hymne de louanges aussi long qu'hilarant à *Les oranges ne sont pas les seuls fruits* [2]. On suppose qu'il est entré à l'hôpital peu de temps après et qu'il a fini par y lire le roman. Réalisant ce qu'il avait fait, il n'écrivit plus jamais, mais continua d'être payé par le magazine. Il mourut cinq ans plus tard.

TIMOFEY NINP, CRITIQUE LTTÉRAIRE DE L'OLD GIT, LONDON

---

1 Troisième roman de Philip Roth (1969). (Ndt)

2 Roman de Jeanette Winterson, déjà mentionné dans *Les fourmis ont-elles un trou du cul ?*. (Ndt)

Corrections & Clarfications

C'est avec une grande douleur que nous devons avouer que nos excuses à l'ancien footballeur congolais, ancien cuisinier d'hélicoptère saoudien, ancienne drag queen new-yorkaise devenue expert des médias londoniens Hgalib mu-Bhafan m'sahash'Bapuh se sont avérées insuffisantes, et lui ont causé une grande détresse personnelle. Notre service juridique – ou Kerry, comme nous l'appelons – nous informe que nous ne pouvons plus assurer quiconque que nous orthographierons correctement son nom. Nous aimerions également indiquer que ceux d'entre nous qui rédigent cette colonne des corrections ne sont pas, comme il l'a prétendu dans sa dernière lettre, « payés au foutu mot ». C'est cependant avec un grand soulagement que nous pouvons annoncer que, s'étant remis de sa récente dépression nerveuse, il a changé de nom pour se nommer Terry Smith. Excellente décision, Mr al-Bhafna m'saash'Bupha !

Est-il possible de se faire une fellation sans se démettre la colonne vertébrale ? Avez-vous le numéro d'un chiropracteur ?

Henry Gaylord, Guildford

Non – mais de nos jours, pas besoin d'essayer ! Dans la culture stressante d'aujourd'hui, où tout est travail et rien n'est jeu

24 heures sur 24, qui a le temps de rencontrer une partenaire convenable ? Et si l'on n'a pas le temps, pourquoi renoncer aux délices du sexe bucco-génital ? Un nouveau programme audacieux et captivant a été mis en place par Udolf von Strattenberg, chirurgien d'avant-garde et praticien des arts sexuels, qui sillonne les Pays-Bas dans sa salle d'opération mobile, exécutant pour une somme rondelette sa « chirurgie de la pipe » particulière. Fini, les rêves larmoyants où l'on regrette de ne pas être né Houdini de l'onanisme (et Dieu seul sait ce qu'il fabriquait, celui-là !) – Udolf supprime simplement quatre vertèbres de votre colonne vertébrale pour vous permettre l'accès au plaisir ! Prenez rendez-vous dès aujourd'hui. Et non, je n'ai le numéro d'aucun chiropracteur, Henry, désolé. Essayez de vous pencher en arrière par-dessus un canapé et de tousser violemment, ça a marché pour feu mon pauvre père.

ELSIE LEPPING, INFIRMIÈRE, PAR EMAIL

[Note du rédacteur : Pénélope, je détecte dans la question et/ou la réponse ci-dessus la mentalité sordide de mon prédécesseur. J'espère que vous ne reconnaissez pas son écriture, et que le cas échéant vous me le diriez, aussi détestable que doit être son souvenir ? D'autre part, veuillez demander à Consuela de vider le contenu du troisième tiroir du classeur. J'aime à penser qu'il collectionnait ces centaines de cartes provenant de cabines téléphoniques par souci d'y faire place nette, mais je crains le pire. De plus, en regardant dans le quatrième tiroir, j'ai découvert qu'il contenait un minuscule château gonflable parfaitement proportionné, presque comme s'il était destiné à une souris ! Il avait donc un faible pour tous les représentants de la faune locale, hein ?]

Qui conçoit les intérieurs d'appartements des sitcoms, et choisit tous les vases et le mobilier "appartenant" à Frasier, Jerry Seinfeld, etc. ?

Philip Gribaldi, Phoenix

Dans la plupart de ces séries, le travail est exécuté, tout simplement, par un décorateur. Les comédiens ont parfois leur mot à dire, cependant, et les fans d'anecdotes seront sans doute ravis d'apprendre que la célèbre chauffeuse de Martin Crane dans *Frasier* appartient en réalité au minuscule acteur qui a joué le chien de Martin, « Eddie », avec une telle distinction toutes ces années. Mais plus intéressantes encore sont les rumeurs qui circulent dans le monde télévisé depuis maintenant dix ans – presque une histoire de fantômes, si vous voulez – concernant la mystérieuse propriétaire de l'appartement de Monica Geller dans *Friends*.

L'histoire voudrait que, dans les années 50, une aspirante actrice pleine d'espoir nommée Margaret Du Bois ait essayé, sans succès, de se faire engager par tous les grands spectacles de variétés de l'époque. *I Love Lucy, The Ricky Fontalia Show, An Evening with Spanky Markovitz* – Du Bois auditionna pour chacun d'entre eux et malgré sa tenue et ses manières impeccables, fut rejetée à chaque fois au profit d'actrices plus jeunes, plus jolies, ayant plus d'expérience et des pieds qui partaient dans la bonne direction. Maudissant les dieux et ses pauvres pieds tournés vers l'arrière, Margaret se serait retirée dans l'une des réserves d'un entrepôt des studios Paramount, ne s'aventurant dehors que pour dérober de maigres rations à la cantine du studio, remâchant son amertume au fil des ans et investissant son énergie créative dans la transformation de la froide et sombre réserve en un véritable foyer.

Margaret avait, dit-on, un goût exquis et un œil très sûr pour la décoration. Elle avait perdu l'autre œil bien des années auparavant, suite au droit de cuissage de Spanky Markovitz lors d'un casting, mais pour une fois sa malchance ne la découragea pas dans sa mission. Tandis que les années 50 devenaient les années 60, elle rassembla peu à peu des objets empruntés, mendiés et volés sur les plateaux des films Paramount ; un lévrier en porcelaine venant de la scène de fête de *Diamants sur canapé* par ci, un vase provenant de *La Chute de l'empire romain* par là.

Ratissant plus large à travers les entrepôts d'Hollywood, elle prit de magnifiques décors peints d'Albert Whitlock représentant les gratte-ciel de New York la nuit, et les plaça à l'extérieur des fenêtres de l'entrepôt pour donner l'illusion d'une vue. Dix heures par jour, chaque jour des années 60, 70, 80, Margaret s'appliqua à créer le parfait appartement accueillant, ne s'arrêtant que pour regarder furtivement, de son unique œil valide, par le judas de sa porte d'entrée lavande, toujours plus soucieuse du monde extérieur. Enfin, l'appartement fut terminé. Les pieds de Margaret étaient plus douloureux que jamais et elle devint une véritable recluse, ses cheveux en bataille tout blancs, rendue à demi folle par la solitude et l'isolement, portant toujours la vieille robe du temps des auditions des années 50. À présent cerclé d'or, le judas devint sa seule fenêtre sur le monde ; elle verrouilla les portes et laissa toiles d'araignées et lierre envahir l'entrepôt, enfoui dans le coin le plus sombre des studios. Les enfants d'acteurs de la Paramount, parcourant les plateaux d'*Officier et gentleman* et de

Star Trek II : La colère de Khan, apprirent à craindre l'histoire de cette étrange vieille femme, à présent réduite à une simple rumeur, à peine plus que les paroles d'une chanson à fredonner :

La vieille Maggie
A perdu son œil
Personne ne veut de sa tarte aux pommes

La vieille Maggie
Dans la rue
Avec ses horribles pieds à l'envers !

Le temps passa, et le jardin fut envahi par la végétation. « Une balle de base-ball atterrissant sur le toit de Maggie est une balle perdue », disait-on. Et puis, un jour de 1993, l'espoir entra finalement dans la vie de la vieille Maggie. Je ne vais pas raconter en détail le jour où le décorateur de *Friends* trouva l'entrepôt vermoulu, comme une caverne d'Aladin perdue pleine de trésors décoratifs, et y fit immédiatement entrer acteurs et techniciens pour commencer le tournage. Qu'il suffise de dire qu'au cours des dix ans qui suivirent, Margaret trouva enfin ce qu'elle avait cherché dans la vie. Épiant depuis des placards cachés, par les trous des câbles et dans les toilettes que nous ne voyons jamais à l'écran, certains affirment que c'est la voix de Margaret qui s'élevait au-dessus de toutes les autres pendant le tournage ; qui poussa des hululements de joie au premier baiser de Ross et Rachel, et pleurait quand ils avaient rompu ; qui riait le plus fort aux crampes d'estomac de Joey et soupirait pour les chansons de Phoebe. D'aucuns prétendent que Maggie est toujours là aujourd'hui, derrière cette porte fermée ; plus heureuse à présent, et vieille, si vieille, épiant par son judas, attendant l'arrivée d'un autre ami.

MARY-BETH GARDENER, MASSACHUSETTS

Que voient les aveugles dans leurs rêves ?

Terence Trent, Derbyshire

Naturellement, cela dépend depuis combien de temps la personne est aveugle ; ceux qui ont été doués de vision dans leur enfance conservent des rêves visuels, tandis que quelqu'un qui est aveugle de naissance fait des rêves s'appuyant entièrement sur le goût, le toucher, l'odorat et l'ouïe.

Bien plus intéressante pour nous autres psychologues cognitifs est la question du *langage* visuel ; ce que les sourds "voient" dans leur tête lorsqu'ils réfléchissent à ce qu'ils vont dire, ou lorsqu'ils rêvent d'une conversation. Le professeur Rupert Delaney, spécialiste en sciences cognitives à Oxford, et qui se trouve être sourd de naissance, a écrit dans le supplément éducatif du *Times* un article merveilleusement piquant, précisément sur ce sujet. Il a déversé une quantité impressionnante de vitriol sur la « succube bigleuse à face de fion » qui, pendant de nombreuses années, traduisait en langage des signes les émissions télévisées du dimanche matin. Selon Delaney, après des années à regarder *See, Hear*, la malheureuse femme – toujours là au bas de l'écran, gesticulant comme une âme perdue – se mit à accaparer tous ses instants de veille. Même la pensée intime la plus simple – Dieu, que cette conférence est ennuyeuse, et j'aurais bien besoin de pisser un coup, sont les exemples donnés par Delaney – était visuellement prononcée dans son esprit sous la forme des bras dodus gigotant et du « sourire de merde » de l'interprète de la BBC. Rassembler son courage pour faire sa déclaration à son ex-femme devant un dîner aux chandelles, chercher le mot juste : tout se dissolvait dans une bouillie cérébrale confuse de mains dodues qui s'agitaient et de permanente défraîchie. Même les nuits de Delaney ne lui appartenaient pas, chaque cri de plaisir sexuel, chaque personnage de ses rêves, « la moindre phrase de mon existence se visualisait en la personne de cette malheureuse femme, parlant les langages humains dans un cardigan beige de chez Marks & Spencer ».

Il est de notoriété publique que l'article de Delaney incita cette femme à l'inviter à déjeuner, repas lors duquel un événement remarquable se produisit. Delaney, si réputé pour ses critiques acerbes et son ego démesuré, si authentiquement et terriblement atroce envers sa Némésis par écrit, fut en fait complètement séduit lorsqu'il la rencontra en personne – comme si ses propres pensées, son langage et sa conscience avaient pris corps, et lui rendaient son regard au-dessus d'une assiette de poisson. Un psychologue rival commenta ironiquement que c'était presque comme si cette femme, depuis si longtemps le canal par lequel Delaney pouvait exprimer son esprit conscient, *était l'incarnation physique de son ego*. Freud s'en serait donné à cœur joie avec ce cas.

DR MICHAEL GEORGE, UNIVERSITÉ EN LIGNE DE CAMBRIDGE, CORNOUAILLES

Expédition royale de l'Antarctique

Ma très chère Marjory,

Progrès ! La gêne de la soirée d'adieu du Reform Club et de l'attaque de l'omnibus est maintenant derrière nous, et nous avançons à grands pas dans nos préparatifs pour le voyage vers le Sud. Baines a été nommé intendant ; il se débrouille bien avec les chiffres et a pratiquement terminé de corriger nos premières erreurs, celles où le grain, les poulets et les huskies ont été tous placés dans le même compartiment en cale sèche à Wapping. Baines, à la place, a développé un ingénieux « plan B » : le navire – notre cher HMS Bugle – voguera vers l'Antarctique en n'emportant que le grain ; puis reviendra vide vers nos rivages pour chercher les poulets – attendez, non, les chiens auraient mangé les poulets pendant le voyage aller du grain. Quoi qu'il en soit, après des mois de dur labeur pour trouver une solution logique, Baines m'assure que la question est réglée, mathématiquement parlant, et que nous pourrons entamer l'exploration proprement dite, d'ici environ cinq ans : l'été 1914 serait parfait pour de telles frivolités, amusement et actes de bravoure, n'êtes-vous pas de cet avis ?

En attendant, nous ne pouvons rien faire d'autre que déboucher une autre bouteille d'excellent madère, et attendre. Je pense souvent à vous, Marjory, et aux enfants. Comme Tarquin et Millie doivent avoir grandi ! Et même si je sais que vous êtes tous juste de l'autre côté de St James's Park à m'attendre, n'ayez crainte : je suis bien nourri ici au club, et je défendrai votre honneur en atteignant le Pôle avant ce fichu malotru de Scott ou ce jeune frimeur de Shackleton. Je dois filer, mon amour – Wilson a promis un peu d'entraînement à l'escalade, et nous nous proposons de l'exécuter dans le grand escalier du club avant la collation de midi. À l'assaut !

Je demeure, comme toujours, votre affectionné,

Phozzy

(Lettre portant le cachet du 26 janvier 1910, par courrier lent. Arrivée lundi.)

Que fait-on du courrier lent pour qu'il arrive plus lentement ? Il doit certainement suivre le même trajet que le courrier rapide ?

Dorothy Yes, Great Yarmouth

C'est ce qu'on imagine, n'est-ce pas ? Mais voici comment cela fonctionne en réalité : figurez-vous une charmante usine, avec des tapis roulants magnifiquement huilés envoyant à toute vitesse des paquets parfaits dans de jolies camionnettes rouges, leur moteur tournant déjà pour livrer votre courrier. Et maintenant oubliez tout ça, et imaginez des tas de souris affairées vêtues de minuscules uniformes bleus, fumant la pipe et suivant leur bonhomme de chemin avec, sur leur dos, d'énormes enveloppes portant la mention « Courrier lent ». Oubliez cela aussi – c'est juste que l'idée me plaît, et je pourrais la proposer à mes supérieurs. Maintenant, imaginez votre lettre par courrier lent, délaissée de tous, tombant dans la boîte aux lettres rouge vif au bout de votre rue, qui est ce qui se produit réellement. La fente de droite – « Courrier rapide et international » – donne dans la boîte, qui est vidée chaque jour entre 10 h 30 et 17 h. La seconde fente – « Courrier lent » – conduit en fait directement dans le réseau public d'égouts. Pendant que le courrier rapide file pour être livré en quelques jours, je crains donc que nous ne devions attendre tranquillement que les égouts se déversent dans la rivière la plus proche et que le courrier ne dérive en aval jusque dans les filets postaux de Sa Majesté. Vous pouvez considérer ce système comme plutôt stupide, mais au cours des cent cinquante dernières années il a été un moyen efficace de s'assurer que nous pouvons vous le livrer a) en retard et b) dans un triste état. Et c'est probablement tout ce que vous méritez pour avoir essayé d'économiser dix pence.

TERENCE DIERESE-UMLAUT, QUARTIER GÉNÉRAL DE LA POSTE DE SA MAJESTÉ, ÉGOUTS DE BATTERSEA

Est-il vrai qu'il n'existe que onze intrigues de base dans la littérature et les films, et que l'œuvre d'un écrivain, aussi inventif qu'il essaie d'être, ne sera jamais originale ?

Caroline Pigg, Telford

J'en ai bien peur. Si vous y regardez de près, les onze thèmes de base sont présents dans tout livre ou film que vous pourrez mentionner : une affaire de vengeance, le retour du fils prodigue, le triangle amoureux voué à l'échec Malgré tous les efforts des réalisateurs pour le dissimuler, les « onze d'or » sont toujours là en arrière-plan, tuant au berceau originalité et créativité. Il est clair qu'il existe peu de différences dans les motivations des personnages, la trame narrative et le thème, par exemple, des *Voyages de Sullivan* de Preston Sturges, de Zabriskie Point de Michelangelo Antonioni et du chef-d'œuvre tardif de Shannon Tweed[1], *Entrée secrète et illégale VI*.

PADRAIG O'MURRAY, LE GUIDE DU CINÉMA DE PADRAIG O'MURRAY

1 Mannequin et actrice de charme canadienne ayant surtout joué des scènes dénudées dans des films de série B. (Ndt)

Je ne suis pas d'accord avec Mr O'Murray. De mon côté, j'ai lu votre lettre avec une grande excitation, Caroline. Après de nombreux mois gaspillés dans l'invention de ce que je croyais être une couleur totalement nouvelle, votre question a piqué mon intérêt et relancé mon enthousiasme, et je me suis immédiatement mis à couper-coller furieusement les genres littéraires, en quête d'une façon totalement nouvelle de raconter une histoire. En mélangeant la chaleur, la passion et l'énergie des « aventures sexuelles » avec le mystère et l'atmosphère noire des romans « policiers », j'ai découvert une recette de best-seller que j'appelle « crime sexuel ». Peut-être l'*Old Git* aimerait-il imprimer un extrait de mon prochain roman, *Triques privées*, dans le prochain numéro ?

SIMON SAYERS, COUNTY DURHAM

Corrections & Clarfications

De notre correspondant sportif :

Nous souhaitons nous excuser pour toute confusion entraînée par notre récit concernant le match de cricket d'une seule journée entre Surrey et Glamorgan, dans lequel nous avons noté le score de Surrey comme étant de 11 741. De toute évidence, dans une partie de cinquante séries, le score maximal est de 1 800, ce qui nécessiterait que chaque balle marque un six. Il est concevable d'y ajouter deux cents points pour les éventuelles balles injouables et autres balles illégales, mais pas plus, car tout chiffre supérieur empêcherait la conclusion de la partie, du fait du retard pris. Le score correct pour Surrey lors de ce match était en fait de 11 740/9[1] .

1 En réalité, les scores en coupe du monde avoisinent les 300 points – cette réponse ironise sur le calcul complexe des points au cricket. (Ndt)

Pourquoi disons-nous que des gens qui s'amusent se « marrent comme des baleines »[1] ?

Tim Muggeridge, Suffolk

C'est parce que les baleines, animaux remarquablement sophistiqués aux règles sociales et aux modes de comportement complexes, ont su se débarrasser de la fiction polie selon laquelle la taille importe peu. Le mâle dominant d'un groupe donné obtient sa position non pas grâce à sa force ou sa rapidité à la nage, mais grâce à la taille de son matériel. Le « membre » de la baleine bleue moyenne mesure 2 m 70 de long, mais certains ont été mesurés d'une longueur allant jusqu'à 7 m, et avec une circonférence qui, si on l'évidait, formerait un tunnel assez large pour y faire entrer un fauteuil roulant électrique (fait utile si vous devez jamais cacher à la hâte un fauteuil roulant et avez sous la main une bite de baleine évidée). De nombreux exemples sont exposés au Musée de la baleine américaine, à Washington – situé un étage au-dessous du quartier général de la Société féministe américaine, et à l'heure du déjeuner, on peut voir nombre de ces femmes s'y promener, mordant dans leur sandwich au bœuf. À sang froid ou non, les baleines sont des créatures hypersexuées, et les baleines femelles choisissent un partenaire selon sa capacité à localiser le point W, une zone des organes sexuels de la femelle où un ensemble de terminaisons nerveuses forme un secteur sexuellement hypersensible qui, s'il est caressé, provoque à coup sûr un orgasme.

---

1 *A whale of a time*, un très bon moment, expression remontant au début du XXe siècle. (Ndt)

Les baleines mâles sont aidées par le fait que ce point mesure à peu près la taille d'une cible de tir à l'arc, ou de la roue d'un gros camion. Ainsi, la baleine mâle en rut, si elle a la chance d'être choisie, peut passer sa vie adulte en chaleur presque tout le temps, ce qui explique les fréquents jets de baleines que peuvent observer les humains. Les baleines respirent en réalité très doucement et lentement, sauf dans les moments d'émission sexuelle, où le grand jet d'air et d'écume marine représente l'équivalent d'un halètement post-coïtal. De sorte, comme l'ont conjecturé les Inuits et plusieurs tribus aborigènes côtières d'Amérique, que le rêve de nombreux hommes ou femmes serait de « s'éclater comme des baleines ».

APRIL LANDING, INSTITUT APRIL LANDING
D'AMÉLIORATION SEXUELLE, KENSTBURG, WYOMING

Pas du tout. La plupart des lexicographes attribuent avec certitude la remarque à George Bernard Shaw, cet homme d'esprit, dramaturge, végétarien et lauréat du prix Nobel irlandais. La fin du XIXe siècle fut, bien entendu, célèbre pour sa débauche – le terme « *fin de siècle* [2] » est aujourd'hui synonyme de dandysme et de décadence – et personne n'était plus célèbre pour avoir lancé des fêtes mémorables que le capitaine Andrew « Titus » Kidd, le grand entrepreneur de pêche à la baleine sans qui, disait-on, « aucun homme ne pourrait allumer sa lampe à huile la nuit ni sortir le jour, par manque de brillantine dans ses cheveux ». Tout simplement, le vieux Kidd n'avait rien à envier à Jay Gatsby. On se souvient surtout de sa « fête du siècle » en 1887 – pour laquelle Gershwin écrivit une chanson que la

2 En français dans le texte. (Ndt)

plupart des gens connaissent par la version de Prince : « Par Dieu et la reine, nous allons faire la fête comme si c'était 1899 ». La soirée eut lieu dans la vallée des Rois, près de Louxor, et impliqua la construction de tout un palais en glace. Les invités reçurent l'ordre de se dévêtir tout au long de la journée, en cadence avec la lente fonte des murs sous le chaud soleil égyptien (scène immortalisée par Ayn Rand dans son roman de 1957, *Atlas Shrugged*), tandis qu'une fontaine de 12 mètres de haut en forme de baleine lançait des jets de chocolat belge fondu sur la foule qui se trémoussait. Kidd lui-même, un homme réservé, garda ses distances face à ces saturnales, observant les oiseaux depuis une colline proche, en culottes de golf et casque colonial.

À cette époque, simple critique artistique du *Star*, écrivant sous le nom de Corno di Basseto, Shaw commenta l'événement : « Le grandiose des fêtes de Kidd est un authentique équivalent de celui des animaux à la poursuite desquels il s'est fait un nom. La fête fut une vraie baleine, un véritable kraken d'excès qui devraient faire rougir un pharaon. » Il est notable que, malgré son apparente désapprobation, Shaw devint par la suite l'un des plus célèbres invités réguliers de Kidd ; et tandis que le dramaturge est connu pour sa célèbre réplique – « Oui, mais si l'enfant avait votre cerveau et mon physique ? » –, beaucoup ignorent que lorsqu'il la prononça, il était couvert de chocolat et ne portait rien d'autre que des fixe-chaussettes et un chapeau claque.

DR ROLAND VIGOUR, ROUTE DE L'AÉROPORT DE LUTON

Pourquoi les grandes écrivaines lesbiennes ne sont-elles pas simplement appelées « grandes écrivaines » ?

Solange Esprit, Lyon

Eh bien, mademoiselle Esprit, je vois ce que vous voulez dire ; on ne parle jamais de Philip Roth comme d'un « grand écrivain blanc âgé qui aime bécoter un brin », mais je considère cela comme une opportunité manquée.

Qu'y a-t-il de mal à en découvrir un peu plus sur la personne qui se cache derrière un nom ? Vous serez heureuse d'apprendre que j'ai lancé ma propre maison d'édition, où je ferai activement la promotion des inclinations sexuelles de mes écrivains. J'ai déjà sous contrat la timide et coquine auteure de romans policiers, Marsha Crowe ; le médiéviste constamment en train de se masturber, Derek Trentchon, (surveillez la sortie de ses mémoires à paraître prochainement, *Encore en train de jouer avec*) ; et le lauréat du prix Nobel, Vakla Pestenc, qui adore s'en prendre une dans le fion. Ne manquez pas de consulter notre site Internet, du moins si votre pare-feu l'autorise.

DONALD EFFERSON, DIRECTEUR D'ÉDITION, ÉDITIONS DU CANIVEAU

Qu'arriverait-il si un chat et un chien couchaient ensemble ?

Brandon Carmichael, Garelochhead, Écosse

Chats et chiens se comportent si souvent comme des ennemis mortels qu'ils paraissent jouir d'une sorte de tension sexuelle – un peu comme, disons, les fans de l'Arsenal et ceux des Spurs le jour d'un match dans le nord de Londres. Et pourtant ce n'est pas le cas – peu importe le nombre de scientifiques pervertis qui examinent la question, il semblerait qu'ils se haïssent, tout simplement.

Mais d'autres espèces différentes ne se sont pas avérées aussi incompatibles. Il a été constaté, par exemple, qu'un crocodile peut copuler avec un koala, et que la descendance amphibie qui en résulte préfère se coller aux arbres même si, contrairement à ses frères et sœurs 100 % koala, quand elle s'enivre d'eucalyptus et tombe des branches dans une rivière, elle peut rejoindre la rive à la nage.

D'autres croisements bizarres se sont produits, tels que l'étrange créature engendrée par une girafe africaine en 1974. Elle était grosse et courtaude, avec un long cou en spirale ; le généticien qui testa son ADN annonça à une presse éberluée que son père devait avoir été « le cochon le mieux monté qui ait jamais existé ».

Mais les plus stupéfiantes de toutes ces expériences ont été celles qui auraient été menées par un laboratoire clandestin américain dans les années 1940, où des femmes étaient soi-disant payées pour s'accoupler avec des simiens de différentes races, pour voir si une grossesse pouvait s'ensuivre. Bien que toutes les conclusions aient été détruites dans un incendie en 2001, l'on murmure que les expériences avaient réussi et que certains des enfants résultants sont, aujourd'hui encore, en liberté dans la société américaine. Le laboratoire et ses archives furent abandonnés de façon suspecte peu de temps après l'arrivée au pouvoir de George W. Bush, et l'incendie éclata deux ou trois jours après.

À chaque fois que je le vois à la télé, je me demande toujours Qu'en pensez-vous ? Je dirais : orang-outang.

HARLEY MASON, ALBUQUERQUE

Je ne comprends pas pourquoi cette question est hypothétique. Mes chats et mes chiens le font depuis des années, et notre maisonnée est très heureuse, merci beaucoup. Si un des lecteurs de l'*Old Git* est intéressé par l'achat d'un chienchat, Gerald et moi avons une ravissante portée de chiotons croisés rottweiler roux-siamois en ce moment. Il nous a fallu des années pour trouver comment y parvenir, mais une fois que Gerald a réussi à construire des échasses confortables pour Félix le siamois à partir d'une vieille maquette de bombardier Lancaster, nous étions partis !

VALERIE PANAIS, BRIGHTON

Un bouddhiste peut-il me dire quel bruit fait le battement d'une seule main ?

"Big" Suze Little, université Brown

Mon grand-père, Michiko Kamasura, a consacré sa vie entière à répondre à cette question. Michiko-san était un homme humble, un moine bouddhiste zen qui, dès l'âge de six ans, a vécu dans les montagnes de la province de Nakura, dans le nord de Hokkaido. Lorsque les premiers cerisiers du printemps fleurissaient, le jeune Michiko s'asseyait dans le jardin de gravillons du monastère, méditant la question du Bouddha. Quel bruit fait le battement d'une seule main ? Le printemps se changea en un été chaud et humide ; l'été se changea en automne et mon grand-père était toujours assis, contemplant calmement les lignes régulières du gravier ratissé et la douce dérive solitaire d'une feuille du cerisier du jardin. Les années passèrent. En vieillissant, Michiko commença à discerner des schémas dans le jardin ; le cycle de l'année naturelle trouvait un écho dans l'arc gracieux des lignes ratissées et des mains humaines qui les traçaient. Les mains. À présent vieil homme et dernier de son ordre, mon grand-père se leva avec raideur, considéra ses propres mains, se dirigea avec résolution vers son bien-aimé cerisier tandis que tombait le premier flocon de neige de l'hiver – et marcha sur un râteau, qui le frappa en plein visage. J'aurais voulu être présent ; il a fallu attendre encore cinquante ans avant que l'on tourne *Les Vacances de Mr Bean*, de sorte que même si le vieux Michiko n'a pas trouvé la clé de l'illumination, il est quand même tombé par hasard sur un petit joyau comique.

KOJO KAMASURA, KYOTO

C'est le silence.

C'est le silence de l'univers. Le silence de Dieu. Le silence des montagnes de l'Himalaya seulement tempéré par le murmure de vents fantomatiques, qui pourraient être les esprits de mille inconnus morts, ou d'un million d'âmes en peine.

IN. COGNITO, TIBET

[C'est encore moi, Penny, votre ancien rédacteur en chef. Je vous souhaite la paix dans le cœur et l'âme. Bien que toute communication avec le monde extérieur soit interdite ici au monastère, je fais sortir ce parchemin en fraude par l'intermédiaire d'Armal, un sympathique serviteur qui a servi dans l'armée britannique jusqu'en 1947 et travaille maintenant en montant et descendant ces montagnes, bien qu'il soit dans sa quatre-vingt-dixième année (si je pouvais avoir des abdos pareils à son âge !). J'ai débarqué, passager clandestin à bord de ce que je prenais pour un inoffensif chalutier de pêcheurs d'anchois, mais qui a été appréhendé dans les eaux internationales par des agents de la brigade des stupéfiants. Dans la mêlée, j'ai réussi à sauter du bateau et à pagayer sur vingt kilomètres jusqu'à la côte à l'aide d'un sac étanche de poudre brunâtre (de quoi s'agissait-il ? contrebande de poivre illégal ?) que j'ai vendu à un groupe de dockers hystériques à Goa, pour ce qui m'a paru une somme plutôt rondelette. Elle a suffi à me faire parvenir jusqu'aux contreforts de l'Himalaya, où je suis tombé sous le charme de Bouddha et où j'ai effectué un pèlerinage jusqu'à ma situation actuelle, un sanctuaire et un monastère dans le Tibet occupé par les Chinois. Je ne vois rien à redire à leurs idées, et d'ailleurs le régime alimentaire est extraordinairement sain, sans parler des marches en montagne ! Mais c'est la philosophie de mes professeurs qui me donne l'impression de renaître. Je n'éprouve aucune peur, aucune colère, pas même envers ce fléau de mon ancienne vie, ce répugnant crétin de Plum. L'univers est comme une claire étendue d'eau qui s'écoule, et je ne suis qu'une de ses particules. Je le comprends à présent. Pourtant, cette épiphanie atteinte, je désire revenir à la civilisation pour répandre la bonne parole. Sans compter que cela fait près d'un an que je n'ai pas mangé un petit déjeuner anglais complet,

et le boudin noir me manque. Et il n'y a pas eu de pornographie digne de ce nom sur les dix mille derniers kilomètres que j'ai parcourus, en dehors du genre local – « Elle ne porte que trois couches de vêtements » – qu'apprécient les Indiens. Les moines entraînés au kung-fu ne veulent pas entendre parler de mon départ, car la conversion exige une vie entière de silence. Mais vous me connaissez, Penny, je suis un rusé lascar ! J'ai confectionné une corde en tressant les poils de ma poitrine, et je descendrai en rappel vers la liberté une fois qu'Armal reviendra avec l'argent de mon billet de train pour Delhi. Vous ferez la quête pour moi, et enverrez l'argent recueilli à cette adresse, n'est-ce pas, Penny, ma chère, très chère Penny ? Sans quoi, tout ce que vous entendrez de moi sera le bruit du battement d'une seule main…]

Comment se fait-il que, même si je les range soigneusement, les câbles électriques de la maison finissent toujours par s'emmêler inextricablement ?

Rita Knowles, Adélaïde

Présentons la chose simplement pour un lecteur non averti : des champs électromagnétiques latents qui subsistent après avoir éteint un appareil électrique tordent et enroulent les câbles ; et pour un appareil utilisé quotidiennement, tel que la télévision, même une semaine suffit pour tout enrouler de façon à former un fouillis exaspérant. Ce qui nous fait enrager, vous et moi, mais imaginez ce que doivent éprouver les techniciens qui travaillent sur Even Deeper Blue, le plus puissant superordinateur du monde. Logé dans le plus grand bâtiment du monde, dans le désert du Nevada (plus grand même que le terminal d'aéroport Tempelhof à Berlin, construit par les nazis), Even Deeper Blue exige quelque 112 millions de km de câbles, qui se tordent, se courbent et s'emmêlent sur des centaines d'hectares d'espace. De fait, comme l'a rapporté le journal *Nevada Sun*, EDB a bien failli ne jamais disputer sa fameuse partie d'échecs avec Gary Kasparov en 1997. Une explosion dans l'entrepôt d'aliments japonais voisin envoya dix-sept tonnes de nouilles aux œufs traverser le toit des entreprises EDB – ce qui attira environ cent mille serpents à sonnette du désert environnant, les poussant à se nourrir, à se tortiller et à s'accoupler. Ayez donc une pensée pour ceux qui sont moins fortunés que vous, la prochaine fois que vous sortirez votre iPod de votre poche et passerez vos nerfs à démêler les fils des écouteurs.

CHIP FEEDLE, PHOENIX, ARIZONA

[Molly – ici Marc. Diffusez ce podcast hebdomadaire pour les Gits, jeune et vieux, OK ? Merci, ma vieille. Mais essayez de vous assurer que les vieux cons n'en publient pas une transcription, cette fois ! « Hé les mecs ! Qui est là ? Vous avez vu juste à 110 % : c'est Marc. J'espère vraiment que vous êtes tous bien installés. L'entreprise de nettoyage m'a demandé si vous pouviez utiliser les toilettes à partir de maintenant, et nous devons respecter ces gars-là ; je sais qu'il y a une tradition consistant à se "soulager" dans les jardinières des fenêtres pour aider les géraniums, mais pensez santé et sécurité, OK ? Est-ce que vous vous asseyez sur la fenêtre et pissez dehors chez vous ? Et aussi, est-ce que tout le personnel pourrait corriger ses publications avant qu'elles partent à l'impression ? Je suis un type raisonnable, mais

*nos lecteurs sont de précieux suceurs de bite à nichons ; quelqu'un n'arrête pas d'ajouter des gros mots dans mes foutus podcasts et les imprime dans l'*Old Git*, et ça fait vraiment du tort à ce qu'on essaie de faire ici ! Un cauchemar ! Paix, Marc. »]*

Où sont les neiges d'antan ?

Un prophète, adresse inconnue

Elles sont tombées sur la Terre sainte, la recouvrant d'un blanc tapis et la rendant invisible. Mais la foudre frappera la Terre sainte et fera fondre la neige afin qu'elle puisse à nouveau se dresser dans son ancienne gloire, quand la buse et le faucon s'uniront et descendront en piqué.

LA HYÈNE, ADRESSE INCONNUE

Ouais, c'est ce que tu dis, Kev, mais la buse doit d'abord être en mesure de trouver sa foudre, non ? Ce type à Vauxhall avec lequel tu m'as mis en contact m'a vendu trois livres de foutue *pâte à modeler*, et pas de Semtex comme tu l'avais promis. (En fait, c'était assez drôle parce que j'ai fabriqué des figurines de tous les juges de *X-Factor* [1] et je vais les présenter dans le cadre du contrôle continu pour ma formation professionnelle en art

1 Émission du type « Nouvelle Star » diffusée par la chaîne ITV. (Ndt)

et design.) Le faucon a peut-être eu plus de chance, mais la Terre sainte paraît plutôt gelée vue d'ici.

LA BUSE, KENNINGTON

Ce qu'il y a, c'est que j'avais pratiquement fini de fabriquer ces « explosifs maisons » sur lesquels tu nous as dit de nous renseigner sur Internet, et j'avais disposé tous les ingrédients sur la moquette du salon – le compost, le bicarbonate de soude et tout, et ma mère est rentrée plus tôt que je ne pensais de chez Morrison. Elle s'est mise en rogne en voyant toute cette merde partout, alors j'ai dû lui expliquer que je mélangeais un compost spécial pour ses plantes en pot. Ensuite, elle est restée dans mon dos pendant que je les rempotais toutes, une par une. Je te jure, je vis dans l'angoisse, mec. Chaque fois qu'elle retourne chercher une feuille de laurier ou une branche de romarin, je me mets à transpirer – un pot renversé et toute la maison pourrait partir en fumée. Salut, Kev – désolé, Hyène – sympa, comme nom.

LE FAUCON, BATTERSEA

Patience, mes amis, patience. Je vous recontacterai avec de nouvelles instructions, et la voix de Dieu délivrera le vertueux message aux peuples décadents de cette terre blasphématrice, et les neiges d'antan fondront.

OK, tape-moi ça, Gary, tu veux, mon gars. Je ne sais pas, à quoi bon organiser une cellule terroriste. Bande de crétins. Je rends les parents responsables. Oh, et si tu vas à la poste, tu me prendras une boîte de cigarillos et une bouteille de tonic, mais attention, sans sucre. Hier soir, j'ai dû mélanger le gin que je bois dans mon bain avec de la *Ribena* [1] parce que je n'avais rien de mieux sous la main.

LA HYÈNE, ADRESSE INCONNUE

Pourquoi le vomi contient-il toujours des carottes en dés, même quand on n'en a pas mangé ?

Margaret Bircher, Dinedor, Herefordshire

Voilà une question qui laisse les biologistes perplexes depuis la première fois où l'on a coupé des carottes en dés (vous vous attendriez à ce que je dise *quand* on a coupé des carottes en dés pour la première fois, mais nous ne pouvons pas être certains qu'il y ait jamais eu une époque où elles n'étaient *pas* coupées en dés), ce qui se fait au moins depuis le VIIe siècle au pays de Galles. C'est en tout cas à cette époque que Saint Llwywd, confronté au vomissement de nombre de ses disciples pendant une épique traversée des Brecon Beacons [2] qui dura trente jours, entama sa série de seize paraboles de la Carotte. Traduite du gallois en simple prose française, cette part négligée des apocryphes du Haut Moyen Âge comprend la phrase : « Considérez le dé de carotte, avalé par la vie, résolu dans les

1 Marque britannique de soda au jus de cassis. (Ndt)
2 Chaîne de montagnes située au sud-est du Pays de Galles. (Ndt)

périodes sombres et quand il est appelé, s'élevant vers la lumière de l'étreinte divine. »

Les disciples de Llwywd, cependant, trouvèrent une meilleure explication dans le personnage de son cuisinier, un Viking albinos courtaud et excentrique qu'il avait rencontré dans une taverne, et qu'ils assassinèrent discrètement, expliquant au saint qu'il s'était enfui. Ses théories sur les carottes s'interrompirent immédiatement, et il passa à des réflexions concernant des phénomènes plus profonds, tels que les poireaux.

Léonard de Vinci, lui aussi, commenta dans ses carnets la résistance des carottes en dés. Trouvant un centenaire dans un hôpital local, l'homme de la Renaissance, obsédé par l'anatomie, attendit joyeusement la mort de cet homme afin de prouver la justesse de sa théorie. Il avait l'assurance du centenaire qu'il n'avait pas mangé la moindre carotte en dés depuis son enfance en Toscane, quatre-vingt-sept ans plus tôt. C'est donc avec jubilation que, lorsque le vieil homme mourut et fut disséqué, Léonard trouva des cubes de ce légume orangé toujours présents dans l'estomac. Il avança, dans une série de trente dessins et dans les notes qui les accompagnaient, que la carotte en dés était l'un des matériaux naturels les plus légers et les plus solides, et conçut une série de machines et d'appareils qui pouvaient être construits avec. La série culmina dans une spectaculaire machine volante, deux fois plus grande que le modèle ultérieur et plus célèbre aujourd'hui exposé au public au Clos Lucé, domicile français de Vinci. Avec le second et plus petit modèle, il fut obligé de recourir au bois, à la toile et à la corde lorsque les marchands de fruits et légumes de Florence se révélèrent inaptes à satisfaire ses exigences.

YORICK BELLING, KANDAHAR

Qui s'en soucie ? Après de nombreux essais infructueux, j'ai découvert qu'en mangeant de petits morceaux de Lego multicolores et en comptant sur les carottes fantômes pour fournir les morceaux oranges à faces plates, je peux maintenant vomir un Rubik's Cube complet à la demande. *Britain's Got Talent* [1], à nous deux !

DIGBY CRIMP, DIX-SEPT ANS, MARLOWE

Ma mère avait coutume de me menacer en disant : « Ne fais pas de grimaces – si le vent tourne, tu resteras comme ça ! » Est-ce jamais arrivé ?

Christa Pachyderm, Missouri

Je ne l'ai jamais cru quand ma mère me le disait, et je m'amusais à faire des grimaces grotesques chaque fois qu'elle avait le dos tourné. Mais c'était avant que mon oncle Roderick ne revienne de la guerre, horriblement marqué par des éclats d'obus. Il séjourna chez nous le temps de se remettre de ses blessures, mais il était malheureusement si laid que les enfants du coin venaient s'assembler autour de la maison, espérant l'apercevoir, puis s'enfuyaient en hurlant lorsqu'il apparaissait. Un jour, cependant, quand un groupe plus nombreux que d'habitude

1 Émission de la chaîne ITV auditionnant toutes sortes de "talents" britanniques. (Ndt)

s'assembla alors qu'il fumait une cigarette dans la cour, il décida de jouer le jeu et se retourna, essayant de faire la plus horrible grimace à laquelle il pouvait contraindre son visage.

Exactement au même instant, un énorme vent de prairie se mit à souffler, assez fort pour renverser la clôture et abattre certains de nos arbres. Ce vent le fit décoller du sol et le projeta contre la grange, quinze mètres plus loin, au fond du jardin. Quand le vent se fut calmé, toute la famille se précipita pour voir s'il allait bien, mais quelque chose d'extraordinaire s'était produit. Un médecin nous expliqua plus tard qu'un muscle avait claqué dans sa joue, mais en tentant de déformer ses traits dans une grimace de gargouille, il s'était accidentellement donné une apparence de rude beauté, et c'est ainsi que son visage demeura.

Il fut bientôt remis sur pied et reprit son emploi d'avant la guerre, qui consistait à jouer du piano jazz, avec un enthousiasme renouvelé, et effectua finalement une tournée des États-Unis en accompagnant Frank Sinatra. Avec son nouveau visage, c'était devenu un sacré coureur, et on prétend qu'il aurait eu des douzaines d'enfants illégitimes avant la crise cardiaque qui l'emporta alors qu'il était au lit avec Miss Montana, quinze ans plus tard.

LOTTE CREEDY, GLASSVILLE, KANSAS

Quelle est la partie de Risk la plus risquée jamais disputée ?

Joan Cooker, Cracovie

L'histoire n'a pas, jusqu'à présent, considéré Richard Nixon favorablement. Sa réputation chutera encore plus, cependant, si certaines révélations issues des fameuses bandes « aux explétifs effacés » sont jamais confirmées. L'une des plus scandaleuses est que, doutant en permanence de la manière d'agir sur la débâcle du Vietnam qu'il avait héritée de Lindon Johnson, il se mit à jouer au jeu de plateau Risk pour déterminer la stratégie américaine dans cette guerre, défiant pratiquement quiconque entrait dans le Bureau ovale pour voir si quelqu'un pouvait le battre. Apparemment, il commanda une nouvelle version du jeu qui se jouait exclusivement sur les territoires du Vietnam, du Cambodge et du Laos.

Mais malheureusement pour les troupes américaines (et d'innombrables civils du Sud-Est asiatique), il jouait terriblement mal et perdait à chaque fois. Il devint si obsédé par le jeu lui-même qu'il oublia que la guerre continuait, et organisa finalement le cambriolage du quartier général du Comité national démocrate (situé dans le complexe du Watergate) afin d'apprendre certaines des stratégies secrètes de ses principaux rivaux. (Henry Kissinger rendait Nixon fou en gagnant toujours sans paraître faire le moindre effort, mais c'était parce qu'il avait établi un réseau complexe de caméras et d'espions pour l'aider à tricher. Il élabora sa politique étrangère – pour laquelle, après des années de diverses campagnes de duperie, de démocratie foulée aux pieds et de tuerie généralisée, il se vit décerner le prix Nobel de la paix – non en jouant à Risk, mais à colin-maillard.)

Si les lecteurs craignent que des tactiques similaires aient été employées concernant le récent désastre en Irak, ils doivent tenir compte du fait que le Risk est bien trop complexe pour que George W. Bush y comprenne quoi que ce soit. S'il faut en croire un assistant de la Maison Blanche récemment licencié, le Président se détend en jouant à la bataille, aux « pooh sticks »[1] et au jeu populaire *Britney's Dance Beat* pour la Playstation 2.

GENE B. MCWILDE, COMTÉ DE DONEGAL

Il n'y a pas que le Vietnam qui ait été déterminé par un jeu de plateau. La guerre de Crimée ne s'est pas vraiment livrée à propos de routes commerciales vers le sous-continent, mais constituait en réalité une manifestation internationale de la querelle continuelle opposant la reine Victoria et le tsar Nicolas Ier à propos d'une litigieuse partie de rami.

De même, la guerre de l'oreille de Jenkins [2] résulte en fait d'une dispute qui dégénéra à propos de l'issue d'une partie de badminton, où les joueurs anglais et espagnols n'arrivaient pas à se mettre d'accord sur le fait que le volant était hors jeu lorsqu'il s'est enfoncé dans le crâne de Jenkins.

BRADLEY HOLLICE, TEWKESBURY

---

1 Jeu tiré des histoires de Winnie l'ourson et consistant à jeter des brindilles du haut d'un pont pour voir laquelle arrive la première de l'autre côté. (Ndt)

2 Conflit opposant l'Angleterre et l'Espagne de 1739 à 1748, déclenché par le capitaine Robert Jenkins qui exhiba son oreille coupée au Parlement, affirmant qu'elle avait été tranchée par les garde-côtes espagnols. (Ndt)

Le saut à l'élastique est-il complètement stupide ?

Billy Braithwaite, huit ans, Sunderland

En tant qu'ancien soldat de métier et fervent adepte du saut à l'élastique, je vous dirai ceci : si l'on se souvient d'attacher la corde à ses jambes avant de sauter, il y a relativement peu de risques. Personne ne l'avait dit au pauvre vieux Smithers, cependant. Un gars courageux, ce Smithers. Il mesure trente centimètres de moins qu'avant et ne marchera plus jamais, mais vraiment un chic type sous le feu ennemi.

BRIGADIER SIR MICHAEL BEEZEWATER, SURREY

Expédition royale de l'Antarctique

Très chère Marjory,

Après tant de faux départs, on pourrait pardonner à un homme, je présume, de tirer une certaine fierté du fait de se tenir pratiquement seul sur le fondement même du monde. Après avoir cheminé de nombreux mois à travers glace et neige, à se hisser par-dessus crevasses et arêtes de glace avec seulement Baines, Pemberton et quelques pingouins pour compagnie, un tel homme pourrait penser, en fait, qu'il a finalement « réussi » dans la vie.

Malheureusement, je ne suis pas cet homme, Marjory. Je ne peux rien imaginer de pire. Je crains de ne jamais avoir quitté la rade de Portsmouth, où j'ai rencontré sur les quais un rude docker du nom de Briggs, dont je crois être tombé amoureux. Le visage de Briggs ressemble au pouce d'un cordonnier aveugle, mais il a bon cœur et des avant-bras à se pâmer. Pardonnez-moi, Marjory ; je vous laisse tout, à vous et aux enfants, bien entendu : et même si je suppose que je ne serai jamais un explorateur célèbre, maintenant que je vais faire la cuisine et le ménage à plein temps pour Briggs, j'espère qu'un jour Tarquin reprendra le flambeau familial et tentera sa chance. Oh flûte, je dois y aller – j'ai laissé le four allumé.

Respectueusement vôtre,

Phozzy

(Lettre portant le cachet du 30 mars 1911, par courrier lent, reçue vendredi.)

N'y a-t-il vraiment rien d'autre à craindre que la peur elle-même ? La peur de quoi ?

Simon Fry, Clapham

J'ai été intéressé par la lecture de l'envoi aussi frivole qu'irresponsable de Mr Fry, car je me considère comme le principal spécialiste du pays dans le traitement des phobophobes – des individus tristes et solitaires, pris au piège de leur peur des satanés raseurs qui déblatèrent sur leur peur des araignées, des hauteurs ou du céleri. Freud lui-même mentionne un cas célèbre – une certaine « Frau K » – qui était véritablement rongée par l'« agoraphobophobie » : une peur irrationnelle de ceux qui ont peur du monde extérieur. Du fait que tous les agoraphobes sont confinés chez eux par leur état, Frau K était obligée d'arpenter les rues afin de les éviter. Mais compte tenu de son obsession concernant cette maladie, elle s'y retrouva à fréquenter de nombreux claustrophobes, dont elle constata qu'ils étaient personnellement bien plus insupportables que les agoraphobes. De fait, elle se mit à détester profondément toute personne appréciant la vie à l'extérieur. Cela lui laissa une zone de confort si minuscule que lorsque Freud revint de son voyage de « recherches » dans les ruelles sombres de Biarritz en 1906, il la trouva obsédée par l'idée de ne pas quitter l'espace étroit d'une embrasure de porte.

« Pourquoi essayez-vous de m'empêcher d'entrer ? demanda-t-il.

– Je n'essaie pas ! s'écria-t-elle.

– Non, sérieusement, je dois entrer, j'ai besoin de chier », répondit-il.

Elle mourut de froid pendant le rude hiver de 1934, une fin tragique ; mais de sombres rumeurs subsistent dans la communauté psychanalytique, selon lesquelles « l'exposition au froid » en question se produisit dans le jacuzzi du jardin privé du Dr Freud, sous hypnose.

DR PERCIVAL COCKING, BERKSHIRE

Vous savez quoi, il y a réellement des situations qui justifient la peur. J'étais quelqu'un de terriblement craintif et timide jusqu'au jour où j'ai suivi le cours « amélioration personnelle, validation et élimination de la peur » à l'Institut April Landing de développement personnel, à la fin des années 80 (avant qu'April ne se mette avec son propre entraîneur personnel et ne se convertisse à l'amélioration sexuelle). Cela m'a appris à identifier la peur et à l'ignorer, un acquis précieux, et je suis arrivé premier de la classe délivrant le diplôme, où nous avons tous placé nos peurs dans une boîte et les avons jetées dans l'Océan pacifique. Quelques mois plus tard, je me suis retrouvé dans une voiture conduite par ma cousine Mandy, atteinte de schizophrénie paranoïde, qui essayait de nous faire sauter d'une falaise. J'ai calmement identifié ma peur et l'ai apaisée, puis ai tenté de dissuader Mandy de nous tuer tous les deux. Ça n'a pas marché – nous sommes tombés dans le vide, elle est morte et j'ai perdu une jambe.

En vacances en Australie l'été suivant, un serpent venimeux s'est glissé sur mon chemin. Une fois encore, je suis resté calme comme si rien ne se passait, et j'ai continué de marcher, en sifflotant joyeusement, même quand il m'a mordu au poignet, jusqu'au moment où, après avoir rampé sur 25 km jusqu'à la route la plus proche, je me suis évanoui. À mon réveil, on m'avait amputé le bras. Mon vol de retour passait par Londres et quand je me suis présenté au type qui occupait le siège d'à côté, et qu'il a répondu : « Richard Reid, "shoe bomber" [1]. Enchanté », j'ai décidé qu'il était temps de me remettre à avoir peur.

NORVILLE AGATE, CAROLINE DU SUD

S'il n'y a rien d'autre à craindre que la peur elle-même, les morts liées au stress sont-elles dues en partie au fait que l'on nous dit continuellement que nous sommes trop stressés ?

Gary Bastille, Lisbonne

Excellente remarque ! C'est la grande cause de mortalité dont on ne parle pas dans notre pays, Gary. En fait, après les maladies cardiaques, le cancer du poumon et le stress, entendre parler du stress est notre quatrième plus grande cause de

1 Terroriste britannique lié à Al-Qaïda, arrêté en 2001 pour avoir tenté de faire sauter un avion à l'aide d'explosifs dissimulés dans ses chaussures. (Ndt)

mortalité. Le fait que la plupart des gens qui mènent une vie stressante ne choisissent pas de la mener, et ne peuvent rien y changer, ne peut s'améliorer si on leur assène à longueur de journée que le stress tue. Bien sûr, cela ne fait qu'ajouter au problème. De fait, dans les sociétés où des millions de gens sont stressés mais où les effets délétères ne sont pas si largement rapportés, telles que celle du Japon, les morts dues au stress sont beaucoup moins nombreuses. Des chiffres similaires sont relevés concernant les crises cardiaques, car il a été prouvé que ceux qui ont peur d'une crise cardiaque ont bien plus de chances d'en subir une, surtout si, chaque fois qu'ils regardent le journal télévisé ou ouvrent un magazine, ils voient « CRISE CARDIAQUE » en gros titre leur sauter à la figure. Pas étonnant que les moines du mont Athos aient été salués comme la communauté la plus saine du monde : peut-être qu'ils mangent bien, mais surtout ils ne lisent pas les journaux, et n'ont pas la télévision.

JOHN GARSTANG, WIMBLEDON

Si Dieu est mort, à qui d'autre pouvons-nous nous raccrocher ?

Sappho Regale, Celebration, Floride

J'ai bien peur qu'il ne reste pas grand-chose à quoi se raccrocher, Sappho. Marx, Freud et le judéo-christianisme titubant tous sous le coup des critiques lancées de tous côtés, aucune de nos idoles n'est à l'abri. Suite au succès de *Pour en finir avec Dieu,* Richard Dawkins [1] serait sur le point de publier *Ça ne me plaît pas, mais alors pas du tout* – un démontage accablant et systématique de la magie moderne et de tout ce que Paul Daniels [2] a pu défendre. Christopher Hitchens[3] travaillerait actuellement à *Lorraine Kelly*[4] *sur la sellette,* et une fois les émissions de la journée éliminées, la seule chose qui reste est de prouver que Victoria Beckham n'existe pas. Nous vivons dans un monde froid et sinistre, Sappho.

THOMAS CROAKER, SOCIÉTÉ DES FABIENS[5] , LONDRES

Les enseignements de Freud ne sont pas morts, Thomas. Nous avons encore beaucoup à apprendre de ce grand homme. L'un de mes propres patients, Max J, est à présent un homme meilleur grâce au travail que nous avons effectué ensemble sur le divan ces dernières années. Le cas de Max est intéressant : depuis son enfance, il était hanté par un rêve récurrent dans lequel il tuait son père en le poignardant, après avoir été découvert en train de dormir avec sa propre mère. Il a fallu de nombreuses séances d'hypnose pour en trouver la cause profonde. Finalement, il m'est apparu clairement que le patient refoulait simplement un souvenir d'enfance perturbant lors duquel il s'était accidentellement assis sur un concombre, de

1 Éthologiste britannique, théoricien de l'évolution et l'un des principaux tenants de l'athéisme dans le monde anglo-saxon. (Ndt)

2 Illusionniste britannique, présentateur de l'émission de la BBC, *The Paul Daniels Magic Show*. (Ndt)

3 Écrivain britannique et militant athée, auteur notamment d'ouvrages critiquant le gouvernement Reagan, Kissinger et Mère Teresa. (Ndt)

4 Présentatrice de la télévision écossaise. (Ndt)

5 Groupe de réflexion socialiste et réformateur, fondé en 1884. (Ndt)

façon répétée, alors qu'il se cachait dans le garde-manger obscur, chaud et humide placé sous l'escalier. Auriez-vous pu élucider ce cas sans Freud, Thomas ? Je ne pense pas.

SAMANTHA KRONK, DOCTEUR EN MÉDECINE, BERLIN

Pourquoi moi ?

Charlotte Cocksmut, Tewkesbury

Pourquoi pas vous, Charlotte ? Vous êtes une femme, avec des sentiments, des besoins, des jambes et un dos. Vous avez bien des jambes, n'est-ce pas ? Oh flûte, je mets toujours les pieds dans le plat, avec mes suppositions. Oh flûte – je veux dire, j'espère que vous aussi pouvez mettre votre pied – n'importe quel pied – dans quelque chose. Quoi qu'il en soit, oui, vous avez des besoins ; nous avons tous des besoins. Un jour, je me suis assise sur le tuyau de l'aspirateur et je l'ai allumé. Je n'avais pas *besoin* de le faire – je l'ai fait, voilà tout. Et tandis qu'on m'emmenait sur un chariot – enfin, qu'on emmenait l'aspirateur avec moi assise dessus – aux urgences, je me souviens d'avoir moi aussi pensé : Pourquoi moi ? Mais c'était *vraiment* une sensation délicieuse avant qu'il ne se coince. En tout cas, je voulais juste écrire pour vous dire : tenez le coup, Charlotte !

MARJORIE RAINING, IPSWICH

Hé, Charlotte, c'est un nom de famille pas courant, ça. Mais c'est celui de votre famille, je suppose, pas un nom que vous avez inventé ? Et comme pour tous les noms à consonance grossière (comme « Bottoms », qui désignait une famille vivant au fond d'une vallée), l'explication en est simple : « cock » est une déformation orale de « coke », c'est-à-dire charbon, et « smut » signife cendre. De sorte que Cocksmut signifie cendre de charbon, parce que vos ancêtres vivaient autrefois près d'une des principales régions industrielles de la Grande-Bretagne, pas vrai ? Sinon, téléphonez-moi, espèce de chienne en chaleur [1].

ZORIN LOBERUNGER, HARLEY, IOWA

[Note du rédacteur : Chère Pénélope, je suis désolé que ces lettres puissent paraître dans le magazine. Je sais à quel point vous êtes sensible à la perte des jambes de votre mère. Les gens laissent toutes sortes de choses dans les bus, et finissent par les récupérer. D'ailleurs, qui trouverait un usage à un double jeu de prothèses ? On doit servir une excellente marque de gin à ces soirées bingo, si elle a rampé jusque chez elle sans s'en rendre compte. Dites-moi si je peux faire quoi que ce soit – il y a ces vieilles béquilles que j'ai trouvées au fond du bureau, et je serais ravi d'en être débarrassé. Vraiment ravi – elles puent la mort. Dans le même ordre d'idées, pouvez-vous demander à Consuela de vaporiser du désinfectant sur les étagères du haut ? Ou mieux, du désherbant ? Ces trucs qui pendent des plantes en pot ressemblent à des amanites phalloïdes. Je suis déterminé à rendre cette pièce impeccable au cas où Marc effectuerait un de ses contrôles santé-sécurité. L'inspection la plus négligente provoquerait la fermeture du magazine – et à juste titre !]

---

1 *Cock* = bite, *smut* = grivois, obscène ; le nom pourrait se traduire par « Follede-bite ». (Ndt)

Les trous du cul ont-ils des fourmis ?

Emma Young, Londres

L'auteur de cette question trouve sans doute à cette idée absurde quelque chose de risible. Peut-être changerait-elle d'avis si, comme moi, en rentrant chez elle un soir, elle avait trouvé son mari culbutant la jeune fille au pair lettonne sur le formicarium familial. La réponse à votre question est donc « oui », il s'appelle Malcolm et j'espère qu'elles lui boufferont les couilles.

MRS MALCOLM FEATHERSTONEHAUGH, BERKSHIRE

Y a-t-il une langue dans le monde qui possède un terme spécifique pour la sensation éprouvée quand on s'essuie le derrière trop vigoureusement ?

Jamie Coleman, Londres

Cette langue existe, Jamie – bien que votre question n'indique pas clairement si vous voulez parler de vous essuyer le derrière trop vigoureusement *une fois* après être allé à la selle – ce que les médecins appellent « ablution rectale » – ou de frotter votre derrière, de façon répétée et vigoureuse, contre le membre en érection d'un autre homme dans des toilettes publiques – ce que j'appellerais « coït fessier ». Quoi qu'il en soit, le peuple touareg du Sahara a effectivement un mot qui résume la première interprétation : « *Al-maqua'har !!* » Cette exclamation intraduisible d'angoisse stupéfaite n'est pas tant liée à la singulière culture nomade du mode de vie touareg qu'à la sensation de s'essuyer le cul avec du papier toilette couvert de sable grossier du Sahara. *Al-maqua'har !!*

STEFAN MOREAU, UNIVERSITÉ DE GENÈVE

Si je tombais dans un puits de mine abandonné, est-ce que Lassie courrait vraiment chercher de l'aide, ou est-ce qu'il resterait simplement assis à se lécher les couilles ?

Brad Shunt, Wyoming

Je suis à peu près sûre que Lassie était une femelle, Brad. Désolé d'être si pointilleuse ! Vous devez me prendre pour un bas-bleu terriblement rasoir. Bref, pour reformuler votre question : est-ce que Lassie courrait vraiment chercher de l'aide, ou resterait-elle assise à se lécher la chatte ?

VENETIA COPPER, HAMPTON WICK

J'ai apprécié les précédentes réponses à cette question – surtout celle de Phil McGee racontant comment son chien, Pickles, l'avait sauvé d'un très mauvais trip à l'acide en léchant littéralement les couilles de son maître. Ça m'a fait rire. Mais la véritable raison de ma lettre est un article intéressant dans notre journal local d'il y a quelques mois, à propos d'un chien qui s'était cassé les pattes en tombant dans un puits de mine. Le propriétaire du chien, un type charmant nommé Lah Si, membre apprécié de la communauté malaise de Malmaston, s'est immédiatement précipité vers une ferme voisine, agitant les bras et criant en malais que quelqu'un aille chercher de l'aide. Finalement, les autochtones ont réalisé qu'il essayait de leur dire quelque chose, et l'ont suivi jusqu'à l'endroit où son chien était en difficulté.

Cette histoire donne chaud au cœur, vraiment – mais il s'avère que toute la scène a été filmée par la télé malaise ; apparemment, Lah Si est une sorte de star là-bas, et chaque semaine son chien se retrouve sous les roues d'un tracteur industriel, ou tombe dans un puits pendant que son maître va chercher de l'aide. Bizarre, non ?

MIKE FREIGHT, MALMASTON, DERBYSHIRE

Comment se fait-il que les fast-foods n'emploient apparemment que des gens atteints d'une très mauvaise acné ?

Lorraine « Quiche » Lorraine, Idaho

Au contraire, mon amie. Ici, dans la chaîne BURGER BELIEF !, nous n'employons que des gens atteints de la plus belle acné possible. Le candidat moyen n'est pas autorisé à passer nos portes à moins d'avoir au moins six boutons volcaniques sur le visage, et ces boutons sont ensuite testés à l'aide d'outils extrêmement sensibles et coûteux pour en mesurer la largeur, la profondeur et la visibilité. L'aptitude à communiquer, ou à satisfaire les commandes en, disons, moins d'une demi-heure, est considérée comme négligeable (n'importe quel crétin peut servir du cul de vache frit dans un petit pain), et c'est pourquoi notre maison mère s'est fièrement rebaptisée Acmé Acné (anciennement Haliburton Corp).

GULF HANES, SAN ANTONIO, TEXAS

Depuis que j'ai commencé à travailler chez le marchand de burgers local, les gens me harcèlent parce que je suis couvert de boutons. Eh bien, je viens de relier tous les boutons que j'ai sur la figure, et ça forme le mot « BITE ». Vous voulez des frites avec ?

CHIP BUNKT, MISSOURI

Comment Tooting Bec, dans le sud de Londres, en est-il venu à porter un tel nom ?

Arnold Sote, Wandsworth

Le nom de Tooting [1] est apparu lorsque Henry I traversa ce lieu à cheval et que ses chevaliers l'entendirent prononcer un « tut-tut » désapprobateur à la vue de ce qu'il y trouva. C'était devenu un refuge pour les « dames de mauvaise vie » chassées par les dédaigneux résidents de Balham (alors appelé « Bell End »), et qui s'étaient installées le long de cette route. Ce bon vieux snobisme britannique ne tarda pas à s'établir même en ce lieu, entraînant un schisme entre le village de Tutting et sa cousine encore plus mal famée, la grand-route de Tutting. Le deuxième nom, Bec, apparut près de cent ans plus tard grâce à Richard Cœur de Lion, dont la maîtresse Bess vivait là. Alors qu'il se promenait autour du château de Chalus-Chabrol dans le nord de la France, un chevalier demanda à Richard quelle partie d'Angleterre lui manquait le plus. Il n'eut pas le temps de répondre « Tooting, because… », que la flèche fatale le frappa à l'épaule.

SAM O. BINE, BARNSLEY

J'ai autrefois connu une fille surnommée « Bec siffleur ». Je ne sais pas comment elle atteignait une gamme de notes aussi basses. Un régime à base de graines de légumes et un seau pour amplifier le son, je suppose.

MR PLUM, PLUMSTEAD

1 En réalité, Tooting Bec tire son nom de l'abbaye du Bec-Hellouin, en Normandie, qui reçut des terres dans le sud de Londres après la conquête normande, et de la tribu saxonne des *Totinge*, visitée par saint Anselme, deuxième abbé du Bec. Mais *tooting* désigne aussi un sifflement bas ou un coup de klaxon. (Ndt)

Je crains que la réponse de Mr Plum ne soit une plaisanterie. Bien entendu, Tooting Bec était le nom de l'amoureuse fictive de Jack Talons-à-Ressort, héros de nombreux mythes et histoires dans les romans à quatre sous de l'époque victorienne. D'abord mentionné dans les années 1830, Jack était soi-disant une créature aux traits diaboliques et à l'allure de gentleman qui, la nuit, attaquait les gens en bondissant avant de s'échapper en sautant sur les toits ou par-dessus de hauts murs. Les mentions de sa complice n'apparaissent que dans les années 1850, et constituent visiblement une invention de la presse peu scrupuleuse de l'époque, et un exemple précoce du renforcement d'un personnage populaire de bande dessinée à la Batman par l'adjonction d'un comparse. Elle était censée être la fille vierge d'un pasteur ruiné, d'abord assassinée puis ressuscitée par Jack (auquel on attribuait parfois des pouvoirs vampiriques).

D'après la légende, elle s'asseyait en hauteur sur les corniches des bâtiments, fumant le cigare et ricanant tandis qu'il exécutait ses attaques, souvent accompagnées de violences sexuelles. À une occasion, elle descendit en piqué, enveloppant la victime terrifiée dans sa cape, et le vida totalement de son sang. C'est en tout cas de cette façon que l'histoire fut hystériquement rapportée dans le *Tooting Examiner*. Une analyse plus sobre par le *Tooting Guardian* révéla une cause plus prosaïque – la « victime », localement connue sous le nom de « Grouchy Dan », était un alcoolique notoire. Il s'était coincé les cheveux dans la grille en essayant de récupérer un penny dans une bouche d'égout et, ses cris étant ignorés par les passants trop habitués à ses rages éthyliques, mourut de faim. Il est enterré sur le terrain communal de Tooting, dans la mare aux canards. Mais le mythe l'emporta, bien sûr, et quand une seconde station de métro locale fut construite dans le secteur SW17, les constructeurs et ingénieurs superstitieux lui donnèrent le nom qu'elle a conservé jusqu'à nos jours.

ROGER WILLIAM JAMES, WORCESTER PARK

Quelle est l'origine du mot « cottaging » ?

Iwea Musube, Lagos

« Cottaging » est un terme charmant et évocateur, aussi quintessentiellement anglais et réconfortant qu'une pinte de bière tiède dans un pub de campagne. Il fait penser aux plaisirs simples d'un feu de bûches ronflant dans l'âtre, et d'un filet de fumée accroché à la cheminée d'un toit de chaume dans un village de l'Oxfordshire ; à un chat tigré paressant avec langueur dans le soleil d'un parfait après-midi d'été, sur un fond flou de digitales, de chèvrefeuille et de bourdons s'affairant à leurs activités quotidiennes. « Cottaging ». Mais je dois reconnaître honnêtement que je n'ai jamais su ce que tout ça avait à voir avec le fait de passer votre braquemart à travers un « glory hole » et de vous faire sucer jusqu'aux burnes.

CHARLES MOORELAND, COMMISSION NATIONALE
DES MONUMENTS HISTORIQUES

Pas très coopératif, ce vieux « Burnes » Mooreland. Il se rend dans les toilettes publiques du « slab square »[1] de Nottingham depuis sept bonnes années, espérant y rencontrer George Michael. ÇA N'ARRIVERA PAS, MOORELAND. Bref, « cottaging » : c'est en rapport avec le conte de fées *Hansel et Gretel*, je crois – vous savez, le passage où Hansel entre dans le cottage en pain d'épices, espérant y recevoir une friandise ; et trompe la vieille sorcière à chaque fois en sortant un « os » de sa cage pour qu'elle le croie trop maigre pour être mangé. Et ne me demandez même pas ce que veut dire « gingerbreading »[2].

JAMES "RANDY" JACKSON, NOTTINGHAM

Le monde est plus sûr que jamais, d'après toutes les mesures scientifiques. Alors de quoi avez-vous peur ?

Malcolm Crabs, Reading

Des terroristes, des pédophiles, des terroristes pédophiles, du MRSA[3], du HIV, du H5N1, du M52, de l'impôt sur les successions, du jeu peu hygiénique consistant à attraper une pomme avec les dents, des souris qui risquent de pondre des

1 Surnom de la place du vieux marché de Nottingham. (Ndt)

2 *Cottaging* = drague homosexuelle dans les toilettes publiques ; *gingerbread* = pain d'épices ; *gingerbreading* = action consistant à agresser quelqu'un pour lui faire une fellation. (Ndt)

3 Staphylocoque doré résistant aux antibiotiques. (Ndt)

petits bébés en gelée dans ma bouche ouverte quand je dors, du retour de Napoléon, des rêves fiévreux où je prends des claques répétées dans la tête comme le vieil homme de Benny Hill, des sous-vêtements sans entrejambe, des « glory holes » et des « grand-mères débauchées ». Je ne sors pas beaucoup.

TREVOR STOAT, BORDERS

Si Stephen Hawking est si intelligent, pourquoi n'écrit-il pas L'Histoire complète du temps ?

Wayne Spokes, Coventry

Où serait notre joyeuse bande de lecteurs de l'*Old Git* sans l'éternelle idiotie des questions de Wayne Spokes ? Mais pour une fois, il soulève une question bien plus intéressante, philosophiquement parlant, que celle du mois dernier : « Si je devais éternuer et péter en même temps, deviendrais-je sensiblement plus petit ? »

La question de notre ami Spokes est intéressante parce que, bien entendu, la prétention du jeune et athlétique Hawking s'étendait réellement, autrefois – du moins en théorie – jusqu'à rédiger une histoire complète du temps. Raisonnant que le temps (comme il le croyait alors) était circulaire, Hawking esquissa un plan selon lequel on pourrait relier tous les ordinateurs du monde et leur ordonner d'écrire une histoire du passé, du présent et de l'avenir au fur et à mesure qu'il se produisait – même si cette histoire ne pouvait être réécoutée intégralement qu'au cours d'un deuxième circuit à travers l'expansion et la contraction de l'univers connu.

C'était du moins le plan d'Hawking jusqu'à l'arrivée d'un juvénile Dr Jeremy Petting – notre futur roi, quatre fois lauréat du Nobel, mannequin masculin et play-boy milliardaire bien-aimé – dans la salle d'étude de deuxième cycle d'Hawking, l'air quelque peu usé, prétendant être juste passé dire bonjour à son retour d'une « superfête du XXVe siècle ». Selon une interview donnée par Hawking en 1997, Petting se serait assis et lui aurait raconté une histoire extraordinaire, une vie passée à voyager dans le temps à la poursuite d'un rival aujourd'hui inconnu, un certain Dr Karl Beerbohm, dans ce qui évoque surtout un improbable épisode cosmique de *Tom et Jerry* : il avait mis le feu à la perruque de Beerbohm lors du premier mariage de ce dernier, créé par manipulation génétique un ancêtre de Beerbohm au XVIIIe siècle afin que tous ses descendants soient dépourvus de sourcils, et ainsi de suite. Il serait juste d'affirmer que le jeune Hawking avait probablement abusé de la fumette lorsqu'il rédigea son journal ce soir-là ; mais il a néanmoins toujours soutenu, par écrit, que sa théorie aujourd'hui acceptée du temps comme essentiellement conique dans sa forme, provient de sa rencontre avec Petting. Une histoire complète de la connerie, voilà ce que je dis.

DON MAYWEATHER, BUCKINGHAMSHIRE

Tout ce bavardage sur des éternités passées à revisiter des éternités m'a rappelé que de tels exemples d'entreprises absurdes à l'échelle 1:1 ne sont pas nouveaux. Au XIVe siècle, l'empereur chinois Hu (de la dynastie Wang) ordonna à son principal conseiller de dresser une carte à grande échelle de son empire, comme mesure durable de ses conquêtes. La carte était, d'après les sources contemporaines, très finement ouvragée : dessinée sur le meilleur parchemin, ses mers d'un bleu profond constituées de lapis-lazuli du Badakstan, les prairies un tapis scintillant d'émeraudes russes, tandis que les personnages et le bétail grandeur nature en albâtre, sculptés avec précision, étaient déplacés chaque jour par des esclaves étrangers pour refléter exactement la situation actuelle des sujets de Hu. De par sa nature même, bien entendu, la carte ne put jamais être terminée. Pour chaque nouvel hectare de carte, un nouvel hectare de territoire ennemi devait être soumis sur lequel disposer la carte ; mais chaque nouvel hectare conquis lui-même exigeait un nouvel hectare de carte pour le représenter.

Il apparaît rapidement, d'après les registres des impôts de l'époque, que les sujets de Hu reçurent de plus en plus fréquemment l'ordre de rester sur place, car il était impossible de trouver assez d'esclaves pour continuer à déplacer les lourdes figurines d'albâtre afin de refléter leurs mouvements. On imagine aisément l'effet sur l'économie chinoise et le bien-être de son peuple. La carte haïe de Hu doit avoir constitué une des merveilles du monde, mais il n'en reste rien ; les seuls indices concernant son destin, et celui de son créateur, figurent dans une inscription cryptique sur le magnifique tombeau de l'empereur à Pékin :

Ci-gît Hu, fils du soleil,

Battu à mort avec un cochon d'albâtre

HARVEY SCROTE, OTTAWA

[Note du rédacteur : Bon Dieu œcuménique, Pénélope ! Quelle fin affreuse. Cela me rappelle une horrible farce dont j'ai été victime à la soirée médiévale du bureau l'année dernière, après laquelle je me suis réveillé une pomme dans la bouche et les genoux écorchés. Bref : avec toutes ces histoires de stupides erreurs d'échelle, c'est peut-être le bon moment pour vous parler d'un service que je dois vous demander. Vous êtes peut-être au courant de cette ravissante statuette « garçon et cheval » que j'ai commandée à un catalogue d'art italien le mois dernier – l'élégante figurine de marbre que j'avais sélectionnée pour embellir mon bureau à côté du pendule de Newton ? Eh bien, à cause d'une erreur de calcul dans le processus de commande – dont il est possible qu'elle me soit imputable – elle est arrivée, et elle mesure 4,50 m de haut. Quand vous aurez un moment, pourriez-vous « seller votre monture » et la sortir de la réception ? Nous recevons des plaintes de la part des Young Gits. Merci, Pénélope !]

Corrections & Clarfications

Toutes nos excuses à Miss Celia Culhoon, pour avoir imprimé par erreur la nouvelle de ses triomphants débuts dans le monde, accompagnée de la photographie de l'anus d'un gibbon (numéro de novembre). Comme nos lecteurs l'auront deviné, c'était simplement le résultat d'un dysfonctionnement de l'ordinateur ZX 81 du service iconographique, qui a associé à tort le dossier « La musique de l'Afrique » du capitaine Featherstonehaugh avec nos pages société mensuelles. De même, l'image de la page 56 est en réalité celle d'un chimpanzé jouant du banjo, et non du très beau nouveau-né Timothy Bradshaw (2,4 kg). Si la photographie a piqué votre intérêt, cependant, ne manquez pas, dans le numéro du mois prochain, l'amusant article de Featherstonehaugh, « Les bourdes des Bonobos à banjo dans la jolie jungle du Congo ».

Le Père Noël existe-t-il ?

Billy Braithwaite, dix ans

Cette question n'est pas aussi ridicule qu'elle pourrait le paraître au premier abord. Les enfants de moins de six ans constituent au moins 8 % de la population britannique, et le fait qu'ils croient de tout leur cœur au Père Noël – par opposition aux maigres 7 % de la population britannique croyant de tout leur cœur en Dieu – suggère que, du moins sur le plan numérique, l'existence de saint Nicolas doit être prise très au sérieux. Je dois dire que mes propres enfants – Emily, quatre ans, et Michael, trois ans – étaient extrêmement excités de voir un joyeux Père Noël « escalader » l'avant-toit de la maison de nos voisins Janet et Ted Jamieson cette année, et je suis de ceux qui trouvent cette nouvelle mode dans la décoration festive absolument charmante. Ou du moins, je la trouvais charmante ; au début du mois de mars, j'ai trouvé, en rentrant du travail, Ted en train de décrocher le corps du Père Noël. Les enfants étaient ravis, jusqu'au moment où il est devenu clair qu'il s'agissait en réalité d'un cambrioleur local que les Jamieson avaient habillé d'un costume de Père Noël, et pendu là afin d'en faire un exemple. Enfin, toute la rue a l'intention de se réunir à nouveau pour le 5 novembre[1] prochain et de brûler le corps dans un énorme

1 Jour de la « conspiration des poudres », fête annuelle où l'on brûle des mannequins représentant Guy Fawkes. (Ndt)

mannequin d'osier. Alors, au moins, les gosses auront une occasion de s'amuser.

BRIAN MCCLOUD, SKYE

Suis-je la seule à me demander qui diable est réellement « Billy Braithwaite, dix ans » ? Son âge semble passer de neuf à onze ans pour redescendre à dix. En vérifiant les anciens numéros sur microfiche de l'*Old Git* à la bibliothèque de mon quartier, il apparaît très rapidement que le jeune Braithwaite soumet des questions d'une simplicité enfantine depuis environ vingt-cinq ans ; des questions qui, lorsqu'elles obtiennent une réponse, dressent un portrait général de la vie culturelle en Grande-Bretagne. Je me suis tout de suite mise à rechercher des thèmes récurrents dans ses questions : la plupart sont d'une extrême imbécillité, mais des indices ont commencé à émerger. « Qu'est-ce que la Jordanie ? » était une de ses questions favorites du début des années 2000, de même que l'interrogation quelque peu étonnante de la part d'un enfant de dix ans : « Si un meurtre a presque certainement été commis mais que la preuve d'un *mens rea* reste insaisissable, quelles instructions doit-on donner au jury ? » Je suis désolée de le dire, mais en associant les questions aux dates, je ne peux qu'en venir à la conclusion que « Billy Braithwaite » n'est autre que le Lord Chief Justice [1], sir Dominic Kingston.

WENDY ALPACA, BIRMINGHAM

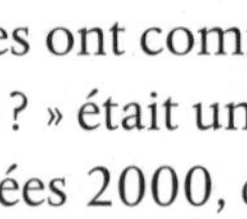

1 Plus haut magistrat de la Haute Cour de justice britannique. (Ndt)

J'allais dans une école réservée aux garçons dans les années 1950 et je me suis toujours demandé : pourquoi les femmes ne se remplissent-elles pas d'eau dès qu'elles sautent dans une piscine ou prennent un bain ?

Billy Braithwaite, dix ans

Dominic, vieille branche – je dois dire que, bien qu'enseignant l'éducation sexuelle dans notre vieille alma mater depuis de très nombreuses années, ce problème me laisse toujours perplexe. Pour tout dire, je suis toujours fasciné par l'idée des « collants » – est-ce que les femmes les enfilent avant, ou après, leur culotte ? Quoi qu'il en soit, pour répondre à votre question, je pense que c'est la raison pour laquelle les costumes de bain moulants ont été inventés, mais je pourrais me tromper. Écoutez, j'écrirai au magazine le mois prochain sous le nom de Billy Braithwaite si personne ne répond, d'accord ?

TOBIAS TREACLER, ÉCOLE DE GARÇONS ST GUFFIN

Si le Queen Vic, dans EastEnders[1] , est censé être l'archétype du pub anglais, pourquoi est-ce que personne n'y jure, n'y parle de football ou n'y mentionne EastEnders ?

Barry Becleuch, Dumfriesshire

---

1 Feuilleton télévisé extrêmement populaire en Angleterre, situé dans l'East End de Londres. (Ndt)

Va te faire foutre, Barry, espèce de violeur.

TERRY GRIPE, WALTHAMSTOW

Vaut-il mieux avoir aimé et perdu[1] ?

Elizabeth Bételgeuse, Hartlepool

Comme vous le diraient tous les aspirants poètes, c'est mieux ainsi. Mais rien d'étonnant à ce qu'ils disent ça, en se demandant pourquoi ils sont toujours célibataires, debout dans leur duffle-coat près de l'arrêt de bus. Les tragédies amoureuses abondent dans la littérature, mais elles sont plus rares dans l'histoire – une exception notable étant le cas de l'érudit distrait Romanek Baflavios, un Grec à lunettes qui se fit connaître par des traductions d'Ovide décrivant les *Métamorphoses* comme une série d'analogies sexuelles. Il fut fêté dans les cercles académiques et se rendit dans les différents sièges européens du savoir afin d'y exposer ses amusantes théories.

Mais lors d'une de ces excursions, il perdit son épouse bien-aimée, après lui avoir dit de rester avec les bagages pendant qu'il explorait un autre quai pour voir si c'était celui de leur train.

1 Citation célèbre d'un poème de Tennyson (1850) : *« Mieux vaut avoir aimé et perdu que de n'avoir jamais aimé. »* (Ndt)

Ayant trouvé sa place, il partit sans elle pour Genève. De retour à Londres, il fut certain d'avoir oublié quelque chose, se tâtant les poches et recomptant ses valises avant de réaliser la magnitude de son erreur. Cela lui brisa le cœur et aggrava nettement sa tendance à la distraction – il voyagea constamment, les trente années suivantes, dans toutes les villes d'Europe, espérant l'apercevoir à nouveau, perdant en route ses lunettes, son passeport, son sens de la perspective, et finalement la boule. Tout cela en dépit du fait que l'épouse bafouée – qui avait entretemps épousé un membre de la haute bourgeoisie flamande – lui envoyait régulièrement des cartes postales avec son adresse, qu'il égarait une à une avant de pouvoir la recopier.

Il mourut tourmenté dans un asile vénitien, délirant jusqu'à la fin à propos de l'endroit où il avait perdu sa femme et tentant désespérément de se rappeler : « Où l'ai-je vue pour la dernière fois ? », triste rengaine de quiconque a perdu quelque chose. Mais aurait-il préféré n'avoir jamais aimé, plutôt que d'avoir aimé et perdu ? Lui seul aurait pu nous le dire.

RENÉ CLIMENT, ALSACE

L'herbe est-elle vraiment plus verte de l'autre côté ? Comment calcule-t-on la verdeur ?

Graham Smite, Beiling

Chose étonnante, c'est scientifiquement correct – l'herbe est plus verte de l'autre côté. Ou plutôt, comme devrait dire le proverbe, l'herbe y paraît plus verte. Et ça n'a rien à voir avec les niveaux de chlorophylle – simplement avec la forme du brin d'herbe dans sa croissance naturelle. Vue de dessus, l'herbe présente sa face couverte de cire, qui la protège des fortes pluies et en fonce légèrement la surface, et par conséquent, de l'endroit où nous la regardons d'en haut, elle semble plus foncée. De plus loin (« l'autre côté », imagine-t-on, d'un hypothétique ruisseau ou cours d'eau), cependant, nous verrons la majorité des faces intérieures, qui ne sont pas recouvertes d'une couche protectrice afin de pouvoir absorber l'humidité de l'air. Cette face intérieure se montre également plus claire sous le soleil et donc paraît plus verte – ou, plus précisément, d'un vert plus vif.

BRENDA GIBSPILL, AYR

J'ai toujours pensé que l'herbe était plus verte de l'autre côté. Ce con du nom de Jones, mon voisin – quel nom original – conduit une BMW, mesure 1,93 m en chaussettes, a une femme aux seins comme des obus, possède le dernier iPhone, se fait 150 000 £ par an, parle quinze langues... Bref, depuis qu'il a emménagé, j'ai pissé toutes les semaines dans un plateau à thé, l'ai congelé et l'ai posté dans sa boîte aux lettres pour qu'il le trouve en rentrant chez lui ; et chaque semaine, je tonds le mot « Connard » sur sa pelouse dans une langue différente. Internet est une invention géniale. Après trois mois de cette expérience, il pense probablement que la vie est plus verte de mon côté de la clôture, à présent.

WADE STRUMMOCK, ALDEROVER, NOTTINGHAMSHIRE

*[Molly – ici Marc. J'en ai assez d'essayer de redresser l'*Old Git*. Chaque fois que j'envoie un e-mail pour réveiller tout le monde, tous les podcasts dynamisants que j'envoie, tout est saboté. Je sais que vous travaillez de chez vous en raison de vos problèmes de dos – et c'est très gentil à Pénélope, des bureaux de l'*Old Git*, de continuer à vous apporter mes messages en vélo pour que vous les tapiez – mais j'en suis venu à la conclusion que ça doit être vous qui insérez des grossièretés, pas vrai ? Je suis désolé, Molly, mais je vais devoir me passer de vos services. Nos raclures de tarlouzes de lecteurs méritent mieux que de se faire insulter chaque fois que j'essaie de leur dire à quel point nous les estimons, merde. Fin de transmission, Marc.]*

Si vous êtes chrétien et espérez aller au Paradis, passerez-vous le reste de l'éternité avec l'âge que vous aviez en mourant ?

Margaret Spume, Clifton

Il est clair que personne ne peut donner de réponse définitive à cette question, mais le Vatican a certainement fait de son mieux au fil des siècles pour assimiler ce problème dans la doctrine de l'Église. Un paradis plein de gens dans l'état exact où ils étaient en mourant ressemblerait à un mélange d'échoppe de boucher et de salle de bingo, et une succession de bulles papales, au XVIe siècle, tenta de rassurer la laïcité sur le fait que tout bon catholique pouvait s'attendre à se présenter devant le Seigneur en pleine santé, aussi jeune ou vieux qu'il le désirait. Malheureusement, cela entraîna une vague de dernières confessions des mourants qui n'étaient pas tant d'humbles soumissions à la volonté de Dieu que des listes de souhaits pour un lifting spirituel. La plus célèbre est celle de Léonard de Vinci, dont les dernières paroles auraient été : « J'aimerais voler ; une abondante chevelure serait agréable, et peut-être quelques centimètres de plus ["*qualque pollice*"], vous voyez ce que je veux dire... ? »

Horrifiée, l'Église retira son offre et tira divers voiles rhétoriques sur le mystère de l'éternité, ne faisant aucune promesse et laissant les fidèles s'interroger : reviendrai-je sous la forme d'un adolescent luisant au ventre ferme mais assez stupide, ou comme une version plus sage et plus âgée de moi-même aux genoux branlants ?

RAEF ARMADA, DÉPARTEMENT DES ÉTUDES CATHOLIQUES,
UNIVERSITÉ DE SHREWSBURY

Il me semble que cette question soulève de nouveaux doutes concernant l'état dans lequel nous pourrions nous trouver lorsque nous rencontrerons le Seigneur. Je pense en particulier à feu l'évêque du Kent, mort tragiquement en affrontant un cambrioleur avec un club de golf, uniquement vêtu du tee-shirt de son épouse orné du slogan « Rendons la pauvreté obsolète ».

Se présenter devant Dieu, les bijoux de famille oscillant dans la brise (et avec à la main un fer 7 complètement inutile, tordu et ayant pris la forme de la caboche d'un malfrat), n'est peut-être pas ce que feu l'évêque aurait souhaité dans ses prières, pour le reste de l'éternité.

Et que dire du jour affreux où le toit s'est effondré lors de la soirée costumée de Noël 1956, réunion annuelle des cardinaux polonais ? Que sont devenus monseigneur Wovchiechowski et monseigneur Sabotka, qui, à titre de provocation festive, avaient choisi de moquer les ennemis de Dieu en se déguisant respectivement en Putain de Babylone et en Satan à pieds fourchus en collants rouge vif ? Pauvre Sabotka. Je ne peux pas m'empêcher de l'imaginer arrivant devant saint Pierre et déclarant : « Bon, je sais que ça fait mauvais effet, mais je peux tout expliquer »

SIOBHAN O'BARNABUS, ARCHIVES NATIONALES DE DUBLIN

Est-il vrai que l'univers est en expansion vers l'infini et que nous ne pouvons rien y faire ?

Anderson Sorbelt, Anvers

J'ai étudié le sujet depuis que j'ai lu la question et apparemment, c'est bien vrai ! Soit ça, soit à un moment ou un autre, le contenu de l'univers va s'agglomérer en une horrible masse unique, écrasant tout. C'est exactement le genre de choses que mon sac à merde menteur d'ex-mari Leonard irait inventer ! Plus j'en lis, et plus tout cela porte la marque de ses gros doigts malpropres sur l'ensemble de la situation. C'est pire que la fois où ma sœur Wendy l'a vu par la fenêtre de cette boîte, le Big Bang, en train de tripoter cette traînée blondasse alors qu'il était censé assister à un cours de Pilates. Je ne sais plus quoi faire. N'y a-t-il rien qui lui échappera ?

DEBORAH MEWS, SLOUGH

Chère Mrs Mews, j'ai lu votre lettre non sans une considérable inquiétude, et un sentiment de révélation horrifique. Depuis des décennies, j'étudie les diverses forces historiques de la destruction et du mal. L'hégémonie capitaliste qui oppresse la grande majorité de l'humanité, la privant de nourriture et d'éducation ; la certitude historique que toutes les grandes révolutions socialistes ont entraîné de pires systèmes de tyrannie, de corruption et de mort ; la structure même de la forme de vie que nous appelons virus et ses pulsions biologiques destructrices ; les maux de la religion organisée et la progression de l'alcoolisme, la fréquence des abus de tabac et de drogues dans les sociétés développées et en développement, l'obésité, l'anarchie, l'indolence mentale et le terrorisme.

Dans tous ces périls qui menacent le monde j'ai, par des recherches méticuleuses, détecté un ADN commun, les « empreintes » comme vous dites, d'une intelligence malveillante généralisée, réunies sous le panneau « Études sur un mal immanent sans nom » dans le service indépendant que j'ai créé. Mais maintenant que le coupable est révélé, ce qui représente un grand bond en avant dans cet important domaine du savoir, j'appellerai le fabricant de pancartes demain matin, et retournerai avec une énergie nouvelle à mes efforts pour démasquer pleinement tous les crimes de cette canaille universelle.

GRIGORAI MASP-LOTOV, DÉPARTEMENT DES ÉTUDES SUR LEONARD MEWS, UNIVERSITÉ DE VLADIVOSTOK

OK, mon ex-femme est capable d'une bonne plaisanterie quand elle veut, et je sais qu'elle était furieuse que j'aie obtenu le canapé lors du partage (exceptionnellement amiable), mais ayant supporté avec bonne humeur les précédentes piques, je crois que là, ça dépasse les bornes. L'*Old Git* est peut-être mon magazine préféré (la page des recettes est amusante et d'une excentricité charmante, et les mots croisés en yiddish constituent un défi mensuel dont je me délecte), mais c'est pour cette raison qu'elle m'a attaqué dans ces pages, et nous avons maintenant passé le stade de la plaisanterie. Je parie que la prochaine fois, vous allez publier mon adresse complète pour que cette bande de dingues et de fanatiques puisse me pourchasser ! Veuillez annuler mon abonnement, et ne prenez pas la peine de me rembourser pour les numéros restants.

Sincèrement,

LEONARD MEWS, 139 APPLEYARD CRESCENT, TAMWORTH, STAFFORDSHIRE

[Note du rédacteur : Pénélope, une autre lettre de la mystérieuse Clarissa. Et le plus étrange, c'est qu'elle a été postée jeudi dernier et est arrivée ce matin ! Je me demande à qui elle croit écrire – lisez vous-même !]

H, ma chérie,

Je suis terriblement désolée pour le choc que le contenu de cette lettre te causera, mais mon analyste affirme que je dois essayer de me rappeler ce qui s'est passé. Il se dit mon analyste, mais il a plutôt l'air d'un policier. Il me voit tous les jours pendant les deux heures où je ne suis pas sous sédatifs. Donc voilà, je vais faire de mon mieux avant que le médecin revienne avec sa seringue, m'apportant un bienheureux oubli.

Il ne se passait rien d'extraordinaire à Honey Tree Cottage ce jour-là – tout était (c'est ce qu'il me semble maintenant) paisible et tranquille. La « machine » secrète que construisait Jeremy était presque terminée, et il y travaillait nuit et jour. Il s'est levé tôt et tandis qu'il sortait, j'ai vu Petunia qui jouait dans le jardin, bavardant avec son ami imaginaire, absorbée par son jeu.

Je suis revenue au journal défraîchi qui me passionnait depuis tant de semaines et de mois avec un sentiment de délicieuse appréhension, car le récit de la hantise de Daniel Dorey était sur le point d'arriver à sa conclusion. Il m'avait fallu un quart d'heure pour lire les cinq dernières pages quand – avec un sentiment de panique croissante – je revins en arrière et les relus. Apparemment, il y a très longtemps, une petite fille, très similaire à celle qui s'était noyée dans son ruisseau, avait été assassinée sur ce même terrain, son meurtrier exécuté au même endroit, et sa mère, une gitane, avait maudit les terres du cottage. À présent, Daniel Dorey était convaincu que la fille qu'il avait vue était un fantôme, et que la malédiction s'était abattue sur lui. Il croyait ne pouvoir s'en libérer que par la mort d'une autre petite fille et d'un autre homme dans le même lieu. Les implications de cette phrase me frappèrent comme la foudre, et tandis que je me levais de mon fauteuil en pensant aux étranges et antiques plans d'une « machine » que Jeremy avait trouvés, laissés par un précédent propriétaire, j'entendis un terrible bruit de souffle et courus vers la porte. Je vis une énorme conflagration envelopper la dépendance dans laquelle travaillait Jeremy – elle était au cœur d'un bûcher palpitant et dévorant. Je me retournai, étourdie, pour chercher Petunia et ne la trouvai nulle part, ni aucun signe de Jeremy, dont je savais qu'il devait être à l'intérieur du bâtiment en flammes. Presque folle d'inquiétude, je m'approchai du ruisseau et baissai les yeux.

Et c'est là que je l'ai vue, ma Petunia chérie, des fleurs à la main, comme l'*Ophélie* de Waterhouse regardant vers le ciel depuis le fond de l'eau. La réalité a commencé à m'échapper. J'ai senti que je devenais folle. La dernière chose que j'ai cru voir était une ombre, celle d'un homme grand et mince, aux cheveux noirs, dans un manteau démodé noir, le visage détourné, courant vers les bois. Tandis qu'il courait, son corps sembla se changer en fumée poudreuse, et alors qu'il atteignait les arbres, il se dissipa et disparut.

Et c'est tout. Honey Tree Cottage n'était pas un nouveau départ dans la vie mais un avis de mort pour – je ne peux même pas – chère H – ils vont me relâcher, n'est-ce pas ? Ils n'ont pas cru que j'aurais pu, moi

Mais j'entends le médecin qui arrive.

Enveloppe portant le cachet : « Cette lettre a été approuvée pour envoi à l'extérieur par l'infirmière du service au nom de la patiente Clarissa Famthorpe. » Hôpital de Broadmoor pour les fous criminels, Broadmoor.

Reste-t-il le moindre tabou ?

Arturo Dominico, El Salvador

Non. Comme de sages commentateurs le font toujours remarquer, nous avons totalement épuisé la liste des tabous de notre civilisation. C'et pourquoi nous brûlons avec désinvolture des bébés dans la rue, et pourquoi les calomnies ouvertement racistes sont devenues une spécialité de la génération montante de comiques. D'où également l'acceptation générale et l'approbation du commerce international d'enfants esclaves sexuels, l'ouverture des frontières aux trafiquants de drogue (et la généreuse distribution par le gouvernement d'avantages fiscaux pour encourager l'industrie, maintenant qu'elle est légale et reconnue) et la récente campagne du *Daily Mail* intitulée « Bienvenue aux étrangers ! », visant à encourager l'immigration et l'intégration. Si seulement il nous restait quelques tabous !

MARLEY SHELKIRK, ORCADES

Je l'espère bien ! Peut-être la société britannique est-elle assez blasée pour laisser passer n'importe quoi. Mais lors d'un récent voyage en Arabie Saoudite, j'ai découvert que ce pays se montrait intolérant envers toutes sortes de comportements inoffensifs. Alors que je mourais de soif et que j'ouvrais mon litre de Bell's acheté au duty-free sur une place de marché du centre-ville, la foule s'est immédiatement mise à hurler d'indignation. Une tentative innocente pour lancer une partie de « chat-bisou » avec une beauté locale (enfin, elle avait des *yeux* magnifiques, en tout cas) a provoqué un grabuge similaire.

De là en Turquie, où j'ai posé, aux bains publics, une question pleine d'intérêt à quelques messieurs concernant les atrocités commises en Arménie de 1915 à 1917, et cette fois, j'ai dû être rapatrié par des troupes de maintien de la paix de l'ONU une fois l'ambassade encerclée. Je me croyais sauvé dans le sud de la France, mais ayant poliment demandé un déodorant dans un supermarché, j'ai dû plonger dans la Méditerranée, poursuivi par une foule en furie. Plus de tabous, mon œil. Épuisant !

IN. COGNITO, BARCELONE

[Encore moi, Penny ! Presque rentré ! Quelle année de voyages, quelle année. Ce qui précède ne décrit pas complètement les ennuis que je me suis attiré au Moyen-Orient. Je devrais vraiment lire le journal plus souvent, vous savez, les choses changent si vite. Me voilà en train de revivre les jours glorieux de la Seconde Guerre mondiale, fonçant à travers le désert dans une Jeep volée et cherchant un panneau indiquant la Perse. J'espérais revivre cette équipée avec ce vieux Paddy Whipsthistle et rendre visite aux Arabes des marais, mais ils avaient totalement disparu. Là où avait scintillé la fragile écologie des marécages d'Arabie se dressait un 7-Eleven remarquablement approvisionné, dans lequel, après m'être remis de mon choc grâce à quelques cafés bien tassés provenant de leur machine, j'ai trouvé le dernier Old Git *et me suis informé des dernières nouvelles.* BON TRAVAIL *pour votre sabotage du* Young Git, *Penny ! Vous êtes une star ! Prenez leur musique assommante et leur rédaction laxiste à la*

mode, et fourrez-les dans le cul du nouveau rédacteur en chef ! J'ai l'intention de rentrer dans six semaines et de vous sauver de cette horreur, mais avant cela j'ai besoin d'un petit coup de main. Je suis arrivé à Tanger avec une terrible rechute de mon vieux mal de dos (je portais trois valises chargées de babioles) et me suis retrouvé victime d'un affreux malentendu quand un autochtone m'a proposé « un garçon pour me décharger ». Le guide de conversation (dont je vois maintenant qu'il a été rédigé par Joe Orton[1] *) n'a rien fait pour m'aider, et bien que ma cellule ait une vue sensationnelle sur les spectaculaires couchers de soleil de la casbah, elle donne également sur le gibet de la prison. Je fais sortir cette lettre par l'intermédiaire d'Armal, le sympathique gardien de prison et lecteur de longue date de l'OG – Penny, envoyez un télégramme à Reggy Braithwaite au Foreign Office ! Je vous en prie ! Ma vie dépend de vous ! Votre ex-rédac'chef. XX]*

En tout cas, il semble qu'il y avait encore des tabous pour un certain Edgar Algernon Montescue, entrepreneur malheureux qui tenta d'établir une chaîne de peep-shows à Soho dans les années 1970.

J'avais été un des condisciples d'Edgar dans les années 1950 à Eton, où selon les critères bégueules de l'époque, il avait reçu une éducation étouffante, exceptionnellement bornée et protégée, sous l'égide de deux tantes célibataires près de Whitby.

Mais l'école privée fait ressortir la perversion chez les meilleurs garçons (et s'il n'y a pas de perversion à faire ressortir, elle l'introduit chez eux sans coup férir), et Edgar manifestait une

1 Dramaturge provocateur et homosexuel anglais, incarné par Gary Oldman dans le film *Prick up your ears* de Stephen Frears (1987). (Ndt)

prédilection pour les publications lubriques et les cartes postales cochonnes. Du moins, nous croyions que c'était pour cette raison que son visage virait au rose vif et que sa voix montait dans les aigus s'il était surpris à lire sous les couvertures. Un jour qu'il avait été envoyé à l'infirmerie, nous, les autres garçons, allâmes piller sa réserve, avides de remplir la nôtre, et découvrîmes qu'il ne s'agissait de rien de plus que des magazines de mode de l'époque edwardienne, contenant des aquarelles de dames élégamment vêtues posant sur la jetée de Brighton, ou appuyant leur ombrelle contre la clôture à Ascot. Totalement déconcertés, et craignant plus ou moins d'avoir découvert une perversion encore plus étrange que la nôtre (qui n'allait pas plus loin qu'une sodomie occasionnelle), nous les laissâmes et n'y touchâmes plus.

Quand le nom de Montescue attira l'attention du public vingt ans plus tard, je m'y intéressai de près. Il avait ouvert deux « salons » au sud d'Oxford Street qui « visaient », comme Edgar l'annonça dans une de ses nombreuses interviews de l'époque, « à satisfaire les besoins secrets des gentlemen dans notre société jusqu'à présent refoulée ».

Dans le deuxième mois qui suivit l'ouverture de son magasin vedette, craignant d'être bientôt privé, par l'effondrement imminent de son affaire, de ce qui constituerait forcément une magnifique histoire à raconter dans les dîners, j'assistai un après-midi à un « peep-show » dans la Boutique spéciale de Lady Margaret. En me glissant à l'intérieur, je fus accueilli par une blonde visiblement morte d'ennui, dans un costume de soubrette à froufrous qui couvrait chaque centimètre de sa peau, à l'exception de son visage et du centimètre supérieur de son cou. Elle m'accompagna jusqu'à ma table, où l'on me fournit des rafraîchissements d'un prix très élevé et d'une qualité nettement inférieure, comme il est courant dans de tels établissements (me dit-on). Je fus ravi de découvrir que l'intérieur avait été décoré comme un salon particulier de pub des années 1910, et de remarquer que les costumes des serveuses cherchaient à reproduire ceux d'un salon de thé Lyons de la même époque.

Quand le spectacle proprement dit commença, une jolie fille, vêtue d'un accoutrement que Mary Poppins aurait trouvé étouffant, monta d'un pas hautain sur la scène. Au lieu d'enlever ses vêtements, elle se comporta exactement comme l'un de ces mannequins edwardiens que j'avais brièvement aperçus des années plus tôt, posant d'un air guindé avec son ombrelle et faisant semblant d'apercevoir une lointaine connaissance avant d'ôter très lentement un de ses gants. À la révélation de sa main nue, plusieurs membres de l'assistance se mirent à haleter et applaudirent spontanément – plusieurs autres se précipitèrent vers les toilettes, l'air visiblement égaré – et je ne peux pas nier que ce fut pour moi une petite révélation. Dans le reste du numéro, la talentueuse jeune fille accomplit plusieurs actes de délicat exhibitionnisme miniature, dont chacun eut l'impact d'un coup de tonnerre sur l'assemblée d'observateurs, culminant dans une manœuvre où elle laissa tomber son sac à main et se pencha pour le récupérer, l'ourlet de sa robe se soulevant pour exposer un petit triangle de chair au-dessus de sa cheville. Je n'en pouvais plus. Remontant le col de ma veste et abaissant la visière de mon chapeau, je battis en retraite, penaud, tournai le coin de la rue et retournai au sex-shop « Chez Barney ». Je n'ai plus jamais entendu parler d'Edgar.

BARNEY "FATFACE" SMITH, CENTRE DE LONDRES

Si je commets un crime dans un avion, est-ce que ça signifie qu'aucun pays ne peut me poursuivre ? Et est-ce que quelqu'un connaît un bon avocat ?

Gaston LeFange, Ontario

Voilà un argument intéressant, Mr LeFange. Ici, à la police de Los Angeles, nous avons une grande expérience de ce même problème. Les riches adolescents de Beverly Hills, lassés d'attendre leur vingt-et-unième anniversaire, se sont mis à picoler dans les hélicoptères de leurs parents, en volant juste au large de la côte de Malibu. Et un connard que j'ai essayé de coller en prison pour boisson avant l'âge légal – une petite pédale nommée Bud Chipman – avait pris l'habitude de sauter tout en buvant une gorgée à la bouteille, à chaque fois que j'essayais de l'appréhender ! Il a réussi à se défendre au tribunal en affirmant que je ne pouvais pas le pincer en plein vol, parce qu'il était hors de la juridiction du LAPD. Et donc, pour répondre à votre question : oui, vous vous en tireriez sans doute. Mais un mot d'avertissement, Mr LeFange ; il est difficile de sauter si quelqu'un vous menotte à une bouche d'incendie, vous tabasse au visage et au cou à coups de matraque, et vous prend en photo avec une bouteille de bourbon coincée dans la bouche. Hé, Chipman – c'est de toi que je parle, petite pédale !

AGENT BRAD FUDMAN, LAPD

Si un tir de penalty n'est pas concluant une fois que toute l'équipe en a tiré un, comment décide-t-on que le match est éliminatoire ?

Genny Jeras, Londres

Cette question n'a été correctement envisagée qu'il y a dix ans quand, à l'inquiétude de la FIFA, l'issue de l'Ultra Coupe (qui se décidait entre les gagnants de la Super Coupe, de la Coupe des Gagnants de la Coupe d'Europe, de la Coupe d'Europe et des seconds de la Coupe des Gagnants – c'est-à-dire, jusqu'à ce qu'elle soit abolie pour cause de ridicule en 2001) resta incertaine après neuf penaltys chacun. À ce moment, Zeno Bambini de l'Inter Milan provoqua un cataclysme en frappant la balle si fort vers le goal qu'elle rebondit sur le front de ce dernier, heurta un petit ramasseur de balles sur la ligne de touche et entra en tournoyant dans le coin opposé du filet. Dans les querelles juridiques qui s'ensuivirent, un nouveau commissaire aux règles fut nommé pour s'assurer que tous les arbitres sauraient comment procéder dans *toutes les situations possibles* lors d'un instant aussi crucial.

L'homme nommé à ce poste, Swede Ogder Streiersand, pondit un document de soixante-quatre pages qui fut salué comme un chef-d'œuvre dans la grande tradition du gribouillage abrutissant de la bureaucratie européenne. Personne ne réussit à lire jusqu'à la fin ce traité touffu fondé sur les statistiques, ce qui est tout aussi bien, parce que vers le milieu de sa rédaction, son esprit, tendu à se rompre par toutes ses lectures et ses analyses, se mettait à battre la campagne. Il proposait d'abord de jouer à pile ou face (jusqu'à une centaine de fois), d'instaurer une course de cent mètres, puis un concours d'équilibre et une partie de bataille, qui devait se jouer avec un jeu de cartes scellé et approuvé par la FIFA, conservé dans un coffre gardé par un cinquième officiel.

Présumant que toutes ces solutions arrivaient ex-æquo, il concluait que les lois mêmes du hasard s'opposaient à un résultat, et qu'il fallait jeter la logique aux quatre vents : un combat de tartes à la crème venait ensuite (seuls les gants et les ingrédients de base seraient fournis), suivi d'une partie de cache-cache sur le terrain, puis de six semaines de formation par des chanteurs d'opéra professionnels, devant se conclure par la représentation, par chaque équipe, de l'opérette *HMS Pinafore*. Elle serait jugée par un panel de dentistes non qualifiés sélectionnés dans diverses îles peu connues du Pacifique, et le capitaine de l'équipe gagnante serait obligé d'apparaître au Gala royal annuel de la même année, chantant « Je suis le modèle même d'un général de division moderne ». Il démissionna de son poste peu après la publication du document, lorsqu'on lui offrit un emploi au sein de la commission préparatoire du terminal 5 d'Heathrow.

CLARE SELSIUS, HONOLULU

Corrections & Clarfications

Nous souhaitons nous excuser pour avoir imprimé la lettre de Donald Sommersby (numéro de mai) annonçant sa découverte de l'ouvrage perdu d'Hergé, une aventure ouvertement raciste de Tintin, *Tintin et le chapeau blanc pointu*. Comme Matthew Spink l'a fait remarquer dans une lettre au rédacteur en chef, *Tintin et le chapeau blanc pointu* est visiblement un faux, d'une qualité très nettement inférieure aux véritables chefs-d'œuvre d'Hergé. Les membres de l'équipe éditoriale de l'*Old Git* sont tous de fervents enthousiastes des livres d'Hergé et aimeraient tirer un trait sur ce débat. Seul un gauchiste efféminé pourrait trouver à redire à la magie de l'ancien temps présente dans *Les Cigares du pharaon, Tintin au Congo* et *Les Aventures de Tintin : la quête du Lebensraum*.

POLICE

New Scotland Yard

Chère Pénélope,

J'espérais vous rencontrer en personne, mais j'ai été appelé sur une autre affaire. Je suis l'inspecteur Rambull de Scotland Yard. Je suis profondément désolé que vous ayez découvert, en retournant au bureau, que tous vos collègues avaient été assassinés. Oui, après la mort de votre laitier et du personnel des bureaux des étages supérieur et inférieur, nous sommes maintenant convaincus que nous avons un tueur en série sur les bras, un terrifiant psychopathe rivalisant avec, ou dépassant, les horreurs suscitées non loin de vos bureaux par Jack l'éventreur il y a cent trente ans. Mais contrairement à ce dernier, ce criminel sera appréhendé. Ne craignez surtout rien à ce sujet.

Bien entendu, la vie continue, et je vous ai autorisé l'accès à votre bureau. Vous devez – il le faut – ignorer les contours à la craie de tous vos collègues morts sur le sol, contre les murs et l'un d'eux, chose peu pratique pour vous, sur les toilettes. Mais vous pouvez certainement utiliser le petit coin des autres bureaux, à l'étage supérieur ou inférieur. Ils n'en auront plus besoin, maintenant qu'ils ont été refroidis d'une manière à vous figer le sang dans les veines. En tant qu'unique survivante, vous serez sous surveillance 24 h sur 24, n'ayez donc aucune crainte.

Pour votre information, les indices, tels qu'ils se sont présentés à nous, ne nous ont fourni aucune piste. Rien ne relie les victimes entre elles, sinon l'*Old Git* et ses correspondants passionnément dérangés. En parcourant tous les articles de votre rubrique « corrections et clarificiations » (je n'ai jamais pu écrire ce mot), certains suspects ont émergé. Nous avons d'abord perquisitionné au domicile d'un certain Simon Sayers à County Durham, mais tout ce que nous y avons trouvé était un simple d'esprit gribouillant dans son garage, armé de crayons de couleur et de papier. Nous l'avons interrogé pendant trois heures, mais comme il ne manifestait toujours pas la moindre compréhension de ce qu'on lui demandait, sans même parler de nier sa participation, nous avons laissé tomber. Nous avons filé à travers le pays pour appréhender le suspect suivant, un homme connu pour son agressivité, son hostilité, son ignorance et son passé violent.

La maison du général Smythington-Smythe était silencieuse, et son épouse, frêle et complètement ivre, apparemment coincée dans un fauteuil profond, a été incapable de déterminer l'endroit où il se trouvait ou quoi que ce soit d'autre, même si elle l'avait voulu. Elle avait été cruellement maquillée pour ressembler à un ménestrel noir et blanc. L'unité d'intervention rapide a investi le jardin pour y chercher un abri ou un refuge où il aurait pu préparer ses atrocités. C'est là qu'ils ont trouvé le vieil homme pris au piège dans un melon de concours, sur lequel il a prétendu avoir trébuché. Mais la perversion de certains personnages dépasse l'entendement. Son ahurissement total lorsqu'on lui présenta un mandat d'arrêt, ses larmes enfantines (et une fouille minutieuse d'une heure dans sa maison) étaient la preuve de son innocence. (Nous avons même brièvement soupçonné un homme du nom de Leonard Mews en raison des multiples crimes dont l'accusait son épouse Deborah, mais il s'est avéré qu'il s'agissait simplement d'un banal vaurien trompant sa femme qu'on avait surpris en train de s'agiter avec sa maîtresse dans la forêt locale, alors nous l'avons tabassé quand même.)

Puis, lors de notre retour à Scotland Yard, en fouillant nos archives dans ma frustration, le penny (si vous m'excusez le jeu de mots) est tombé [1]. Non que le tueur était vous-même – ce n'est pas ce que je veux dire. Mais un homme qui épiait chacun de vos mouvements et était obsédé, avec une passion meurtrière, par toute personne avec laquelle vous entriez en contact. Sa première lettre est arrivée pendant votre première semaine au journal. Chacune de ses communications déborde de simplicité psychotique et d'illusions schizoïdes, et (signature de tout sociopathe) d'un absolu manque d'humour. Et maintenant que nous savons, le meurtre a trouvé un nouveau parfum, peint une nouvelle couleur, et elle s'appelle : Plum[2] .

Il n'y a aucun Plum dans l'annuaire de Plumstead. Mais une centaine d'agents écument les rues au moment où vous lisez ceci. Ils savent ce qu'ils cherchent : un solitaire paraissant normal aux yeux de ses voisins, qui occupe un emploi de bureau subalterne ou insignifiant, et possède une collection de pulls aux couleurs vives et de cravates repoussantes. Nous le tiendrons d'ici quelques heures. Vous avez ma parole.

Inspecteur Rambull,

New Scotland Yard

---

1 *The penny dropped* : ça a fait tilt. (Ndt)
2 *Plum* = prune. (Ndt)

Y a-t-il une différence entre bloguer et ce que j'appellerais « taper à la machine » ?

Sarah Fellingham, Édimbourg

Il n'y en a absolument aucune, Sarah. Tout comme Jack Kerouac, après avoir tapé sur une vieille machine à écrire pendant trois jours, affirmait que *Sur la route* était un livre, il semble que de nos jours n'importe qui peut tapoter sur son clavier à propos du prix du lait et de sa dernière coupe de cheveux, et appeler ça « littérature ». Je ne sais plus qui a dit que, si on lui laissait quelques milliers d'années, un chimpanzé pourrait, en tapant au hasard sur les touches d'une machine à écrire, rédiger les œuvres complètes de Shakespeare ? Eh bien, il s'avère que cette personne avait probablement raison : maintenant qu'environ 400 millions d'abrutis ont joyeusement blogué chaque jour pendant les cinq dernières années, mes chercheurs ont découvert que les deux premiers vers du *Prélude* de Wordsworth avaient été miraculeusement produits par un certain Wayne Spokes, âgé de quinze ans, de Coventry :

« BEN cool ! Ele recamble à BUTTERS lol mais ele a dénaurme lolos je me la ferai biaint mais Oh! Il y a une bénédiction dans cette douce brise, une visiteuse qui, tandis qu'elle évente ma joue, semble à demi-consciente de la joie qu'elle m'apporte,

longtemps séjourné d'avoir regardé City le week-end putin JADOR roule parterre en rigolant comme un bouffon !!!!! »

LIZ GOUGH, KING'S CROSS

Chère Penny, comme tous vos lecteurs, je suis terriblement désolé de votre deuil, mais ravi et fier de vous voir perpétuer la tradition et de ne pas laisser mourir l'*Old Git*. J'ai toujours voulu savoir : si Dieu est censé avoir créé le Ciel, la Terre, l'Univers et chacun des objets et créatures qui le peuplent, comment les personnes religieuses peuvent-elles croire à un dieu personnel qui les comprend et sympathise personnellement avec elles, alors que son intellect doit être tellement plus vaste que le nôtre qu'on pourrait le comparer à celui d'un humain considérant une amibe à travers un microscope ? Y ont-elles vraiment réfléchi ? Peuvent-elles vraiment le croire ?

Uriah Hobee, Tallinn

Uriah, personne ne croit plus vraiment à ça. Excepté, comme vous l'avancez, ceux qui n'y réfléchissent pas beaucoup. La plupart des prêtres de toutes confessions que j'ai connus, après leurs années de formation théologique, comprennent que cette idée est parfaitement frivole, et que Dieu est au mieux de sa forme quand on le prend simplement pour une idée et rien d'autre. En fait, j'ai vécu (je l'espère) en relativement bonne chrétienne ces quarante dernières années sans considérer Dieu comme réel une seule seconde, en dehors de moments de crise émotionnelle intense, quand j'en ai eu besoin.

Mais un certain jeune homme de ma connaissance a surmonté cela et s'est inventé son propre Dieu personnel. Il s'appelait Cuby Romaine ; c'était un garçon gentil et d'une intelligence féroce qui, rejetant le dieu catholique de ses parents, imprégna des mêmes valeurs qu'il avait apprises (et qu'il savait fondamentalement bonnes et positives) sa chaussette préférée, qu'il appelait Capitaine Lawrence.

Il priait Capitaine Lawrence au début et à la fin de chaque journée, et suivait à la lettre sa liste, allant toujours augmentant, de lois. Qui plus est, il jouissait d'un amour total et complet avec un Dieu qui n'appartenait qu'à lui, un peu comme celui d'autres croyants mais en plus personnel. Cela lui donnait le sentiment d'être élu, et le poussait à agir comme un saint, aidé par le fait que ses parents intellectuellement inférieurs le craignaient, et se montraient très distants. Et si la parole de dieu transmise à Cuby devenait de plus en plus personnelle et caractéristique (« Tu remplaceras ta brosse à dents parce qu'elle est tellement aplatie maintenant qu'elle ne doit pas nettoyer correctement tes dents et qu'une brosse à dents Transformers ne peut plus te convenir maintenant que tu as treize ans », disait le 487e commandement), c'était parce qu'il s'agissait de son propre dieu personnel – alors pourquoi pas ?

Une fois que Cuby, qui était mon élève en littérature anglaise, un élève perspicace, discipliné et courtois, atteignit l'adolescence, il se mit à voir des failles au sein même de sa propre religion. Il vit que les adultes sont mus par des forces contraires et complexes qui ne peuvent pas (et qu'on ne devrait pas toujours forcer à) être résolues, mais seulement comprises. Il rencontra une charmante jeune fille du nom de Meg, et l'opinion du Capitaine Lawrence sur la sexualité avant le mariage, qui avait constitué une barrière morale si claire quand il était enfant, lui parut soudain lamentablement démodée et simpliste.

Une fois qu'un dieu est remis en question sur un seul problème, il doit être partiellement ébranlé sur *tous* les problèmes. Et cela compte encore bien plus pour un dieu personnel. J'encourageais Cuby à écrire, et je vis qu'en progressant vers le milieu et la fin de l'adolescence, ses génuflexions d'écolier au Capitaine Lawrence (il avait toujours prétendu ne pas remarquer les moqueries qu'il subissait à cause d'elles) devinrent rares, puis oubliées.

À dix-huit ans, le précoce garçon vit un de ses articles publiés dans le *New Yorker*, et nous invita à dîner, Meg et moi. Alors que j'étais devant la porte attendant qu'on vienne m'ouvrir, je vis une chaussette familière sur le tas d'ordures qui remplissait la poubelle, à quelques mètres de là. Inexplicablement, j'eus le cœur serré par la pitié – non envers Cuby qui avait mûri et dépassé ce stade, mais pour Capitaine Lawrence, inanimé, sans personne pour le vénérer : il n'était plus qu'une chaussette. Je ne le mentionnerai pas à la cérémonie de remise du prix Pulitzer à Cuby le mois prochain, et lui non plus, mais je crois que nous sommes tous deux heureux de savoir que Capitaine Lawrence a un jour existé.

LAURA TONES-FENKZE, SCRANTON, NEW JERSEY

Corrections & Clarfications

Nous souhaitons nous excuser pour l'erreur informatique qui a suscité un titre erroné et embarrassant dans notre numéro de mai, « Jeremy Clarkson suce des porcs ». Que la phrase « Jeremy Clarkson suce des porcs » soit par la suite apparue à chaque ligne de chaque article de ce numéro, en lieu et place du mot « et », est encore plus regrettable, et nous souhaitons affirmer clairement que nous ne voulons aucun mal à Mr Clarkson. « Jeremy Clarkson suce des porcs » est un mensonge pur et simple, et nous tenons à déclarer que Mr Clarkson est un parangon de vertu en présence de toute forme de bétail, qu'il soit ovin, porcin ou chevalin, et de plus ne représente pas le moindre risque pour les animaux d'élevage, ni pour les animaux domestiques.

[Penny, c'est moi, l'ancien rédacteur en chef ! Désolé d'avoir défoncé la fenêtre comme Bruce Willis, mais il fallait absolument que je trouve une fin dignement cinématographique aux aventures de ces derniers mois. Non, arrêtez de taper tout ce que je dis, tournez-vous et embrassez-moi, ravissante créature ! Je suis sérieux, non, écoutez, reposez cette machine à écrire, je ne peux pas vous enlacer comme ça… Oui, oui, bien sûr que vous pouvez demander à Molly de prendre le relais pour noter tout ça. Toujours jusqu'au-boutiste, Penny ! C'est pour ça que je vous aime. Allons, oh ma Penny chérie, feu de mes reins, ma lumière, ma vie, ma slip-slop, mouah mouah, MOLLY ! vous n'êtes pas obligée d'inscrire les effets sonores de notre étreinte passionnée, ma chère ! Oui, je sais que j'ai l'air essoufflé ; je suis venu tout droit de Scotland Yard, où cette canaille de Plum est enfin sous les verrous. Aidé du robuste inspecteur Rambull, j'ai traqué Plum à travers la ville dans une poursuite aussi effrayante qu'excitante, dont Hitchcock lui-même aurait été fier : accroché aux parties génitales de

Nelson au péril de ma vie, au sommet de sa colonne à Trafalgar Square ; serpentant à travers les fumeries d'opium de Soho et puis, des heures plus tard, devant les canons du HMS Belfast, tandis que Plum me raillait en imitant, d'une façon sinistrement approximative, Cher dans la vidéo musicale de « If I Could Turn Back Time *», puis au Tower Bridge même, où j'ai été obligé de sauter pour franchir les battants du pont routier qui s'ouvrait afin de rattraper Plum – le placage de rugby le plus classique que vous verrez jamais, les filles. Naturellement, Plum ne s'est pas rendu sans combattre – une fois que Rambull lui a lu ses droits, tandis qu'on l'emmenait, nous l'avons entendu demander à entendre ses « gauches » – mais il a fini de semer la terreur. Oh Penny, voulez-vous m'épouser ? Dites-moi oui !]*

Composé en France par Jouve
11, bd de Sébastopol - 75001 Paris

Achevé d'imprimer en ALLEMAGNE
Par l'imprimerie CPI – Clausen & Bosse
25917 Leck, Novembre 2008